franckh Reiterbibliothek

Dr. Hans-Dieter Körber

Huf, Hufbeschlag, Hufkrankheiten

Ein Handbuch für Pferdehalter und Hufschmiede

franckh

Franckh'sche Verlagshandlung Stuttgart

103 Fotos (teilweise nach Zeichnungen) aus dem Archiv der Klinik für Pferdekrankheiten der Freien Universität Berlin
20 Zeichnungen von Marina Ribbeck

Umschlaggestaltung von Kaselow Design, München, unter Verwendung eines Fotos von Inge Kundel-Saro

CIP-Titelaufnahme der Deutschen Bibliothek

Körber, Hans-Dieter:
Huf, Hufbeschlag, Hufkrankheiten: ein Handbuch für Pferdehalter
und Hufschmiede/Hans-Dieter Körber. – 3. Aufl. – Stuttgart: Franckh, 1989
(Franckh Reiterbibliothek)
ISBN 3-440-05307-5

3. Auflage
Franckh'sche Verlagshandlung, W. Keller & Co., Stuttgart / 1989

Printed in Germany / Imprimé en Allemagne / L 10sn Hrr / ISBN 3-440-05307-5
Herstellung: W. Röck, Weinsberg

Vorwort

Dieses Buch wendet sich zum einen an die Pferdebesitzer und -halter, die bisher keine oder nur wenig Gelegenheit hatten, sich intensiv mit der Anatomie und den Krankheiten des Hufes zu befassen, zum anderen an den Hufschmied, der nach der relativ kurzen Ausbildungszeit auf diesem Wege Gelegenheit erhalten soll, sein Wissen weiter zu vervollkommnen.
Die Aufmerksamkeit des Pferdehalters wird darauf gelenkt, wie wesentlich eine sorgfältige Hufpflege und ein regelmäßiger Beschlag zur Erhaltung der Gesundheit und Leistung seines Pferdes beitragen. Außerdem sollte er in der Lage sein, Anzeichen für eine Erkrankung des Pferdes, hier speziell im Bereich der Hufe, zu erkennen. Das ausführliche Beschreiben des Hufbeschlages ist keinesfalls in der Absicht geschehen, daß der Pferdehalter seine Pferde selbst beschlägt. Vielmehr sollte hier die handwerkliche Mannigfaltigkeit des Hufbeschlages demonstriert werden.
Weiterhin soll das Buch dazu beitragen, eine sinnvolle Zusammenarbeit zwischen Pferdehalter, Hufschmied und Tierarzt zu fördern.

Berlin Dr. Hans-Dieter Körber

Huf

Anatomie der Gliedmaßen des Pferdes

Die Gliedmaßen der Haussäugetiere unterstützen den Körper nahe seines Schwerpunktes und dienen der Fortbewegung. Wir unterscheiden die vordere oder Schulter- und die hintere oder Beckengliedmaße (Abb. 1). Die Schultergliedmaße des Pferdes ist infolge der Rückbildung des Schlüsselbeines durch Muskeln mit dem Rumpf verbunden und besteht aus der Schulter, dem Ober- und Unterarm und dem Vorderfuß mit dem Vorderfußwurzelgelenk, dem Vordermittelfuß und der Vorderzehe. Die Beckengliedmaße ist über den Beckengürtel mit dem Rumpf verbunden. Sie umfaßt neben dem knöchernen

Abb. 1. Gliedmaßenregionen des Pferdes

a) Schulter
b) Ellbogen
c) Vorderfußwurzel
d) Zehe
e) Knie
f) Sprunggelenk

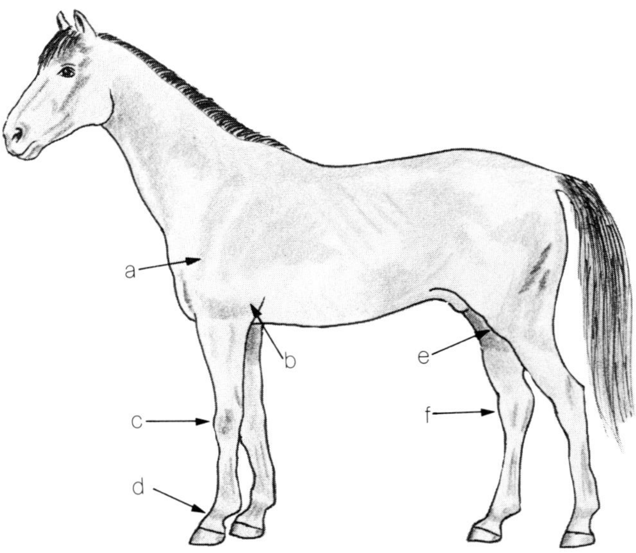

Beckengürtel den Ober- und Unterschenkel und den Hinterfuß mit dem Sprunggelenk, dem Hintermittelfuß und der Hinterzehe.

Die Equiden, Pferd, Esel, Maultier und Zebra, gehören zu den Einhufern. Die Differenzierung der Gliedmaßen der Säugetiere wurde durch die unterschiedliche Schnelligkeit der Fortbewegung geprägt. Das Aufrichten des Fußes von der Sohle über die Zehe zur Zehenspitze hatte eine Längenzunahme einzelner Glieder des Fußes zur Folge. Damit verbunden war eine Rückbildung der ursprünglich fünf Zehenknochen zu einer einzelnen Hauptzehe. Im Laufe der Entwicklung haben sich beim Pferd aus den fünf Zehenknochen zuerst die erste und die fünfte Zehe zurückgebildet. Die zweite und die vierte Zehe, ebenfalls ihrer Hauptfunktion enthoben, stellen sich nur noch als schmale, dünne Griffelbeine dar. Die dritte Zehe ist in ihrer vollen Funktion erhalten und allein ausgebildet (Abb. 2).

Zu den Zehenknochen gehören das Fesselbein, das Kronbein und das Hufbein sowie die beiden Gleichbeine und das Strahlbein als Sesambeine (Abb. 3 und 4). Die Zehe des Pferdes entspricht dem Mittelfinger oder der mittleren Zehe des Menschen. Die Knochen der Zehe des Pferdes verlaufen zum Erdboden hin gestreckt und geradlinig und bilden mit dem Erdboden einen Winkel von 45 – 55 Grad.

Das Fesselbein ist ein rechteckiger, vorn und hinten abgeplatteter und sich nach unten verjüngender Röhrenknochen. Die obere Gelenkfläche ist pfannenartig ausgespart und von einer Leitrinne geteilt. Die Seitenränder des Mittelstückes sind punktförmig aufgerauht, und die Hinterfläche ist mit nach unten zueinanderlaufenden leistenförmigen Erhebungen zum Ansatz von sehnigen Bändern ausgestattet. Das untere Fesselbeinende ist als sattelförmige Gelenkwalze ausgebildet.

Die Gleichbeine, als Sesambeine an der Hinterfläche des Fesselgelenkes angeordnet, haben die Gestalt dreiflächiger Pyramiden mit der Spitze nach oben. Mit ihren gelenknahen Flächen bilden sie eine Lehne für die Gelenkwalze des Vordermittelfußes, mit den glatten hinteren Flächen ein Gleitlager für die tiefe Beugesehne und mit den Außenflächen Ansatzpunkte für die Fesselträgersehne.

Das Kronbein hat die Form eines Würfels mit stark aufgerauhten Vorder- und Seitenflächen und einer annähernd glatten Hinterfläche. Die obere sattelförmige Gelenkgrube bildet das Negativ der Gelenkwalze des Fesselbeines. Die wulstige Verdickung des hinteren Randes dieser Gelenkwalze dient als Kronbeinlehne dem Ansatz von Teilen der oberflächlichen Beugesehne

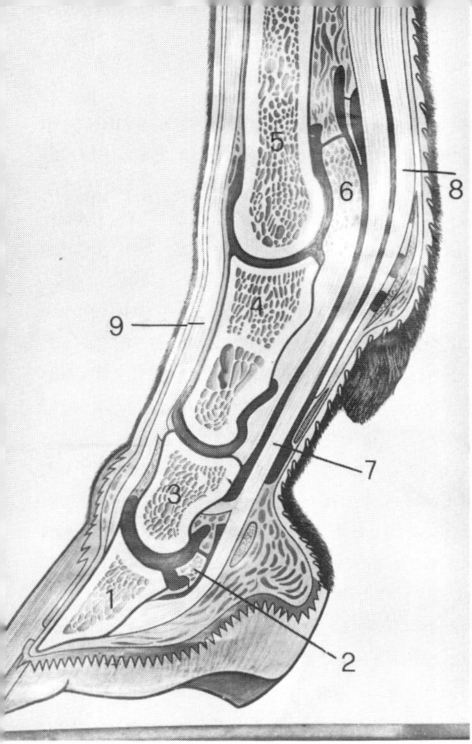

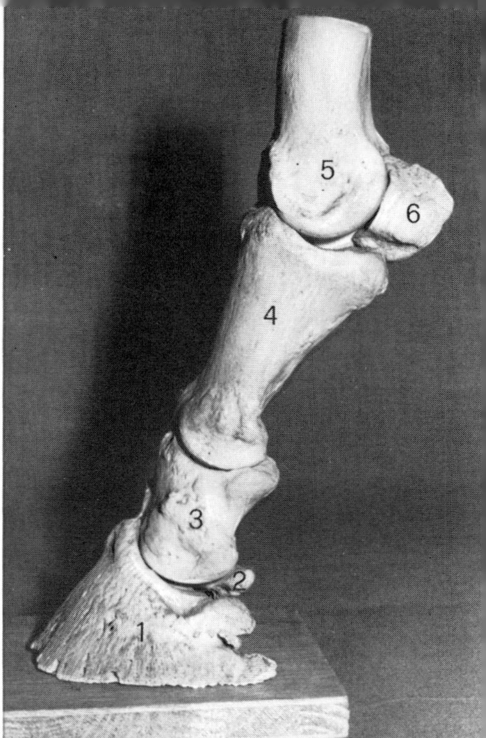

Abb. 2 (oben links). Anatomie der Zehe

1 Hufbein	6 Gleichbein
2 Strahlbein	7 Hufbeinbeuger
3 Kronbein	8 Kronbeinbeuger
4 Fesselbein	9 gemeinschaftliche Strecksehne
5 Mittelfuß	

Abb. 3 (oben rechts). Skelett der Zehe, Seitenansicht

1 Hufbein	4 Fesselbein
2 Strahlbein	5 Mittelfußknochen
3 Kronbein	6 Gleichbein

Abb. 4 (rechts). Skelett der Zehe, Ansicht von hinten seitlich

1 Hufbein	4 Fesselbein
2 Strahlbein	5 Mittelfußknochen
3 Kronbein	6 Gleichbeine

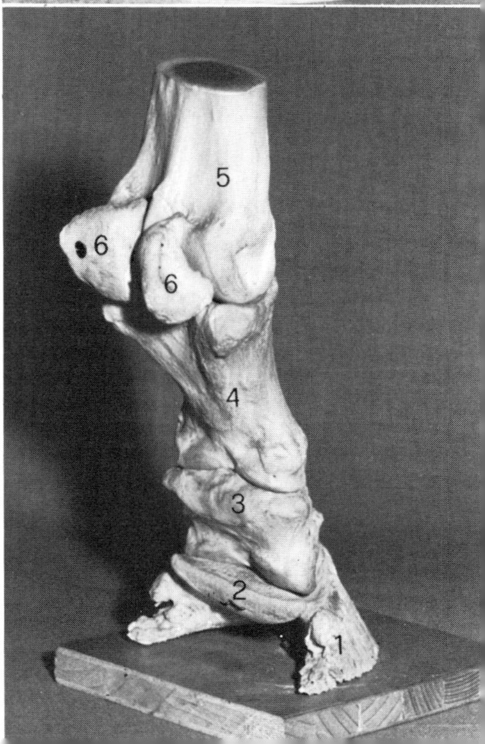

und den von den Gleichbeinen kommenden Bändern. Das Kronbein endet mit einer sattelförmigen Gelenkwalze, außen und innen mit einem Bandhöcker und einer Bandgrube versehen.

Das Hufbein hat eine dem Hornschuh entsprechende Form. Man unterscheidet die Wand-, Sohlen- und die Gelenkfläche des Hufbeines. Wand- und Gelenkfläche werden durch den Kronrand und Wand- und Sohlenfläche durch den Tragerand voneinander getrennt. Der Tragerand zeigt im Bereich der Zehen- und Seitenwand einen halbkreisförmigen Umriß für den Vorderhuf und einen ovalen Umriß für den Hinterhuf. An der Wandfläche des Hufbeines unterscheiden wir die Zehenfläche und die beiden Seitenflächen. Die Hufbeinwand besitzt zur massiven Verankerung der Huflederhaut viele Rillen sowie größere und kleinere Gefäßlöcher, besonders in der Nähe des Tragerandes. In der Mitte der Wandfläche ist sie am Kronrand zu dem stumpfdreieckigen Streckfortsatz oder der Hufbeinkappe ausgezogen. Hier ist der Ansatzpunkt der gemeinsamen Zehenstreckensehne. Die Sohlenfläche des Hufbeines unterteilt sich in eine größere, vordere, glatte, halbmondförmige Lederhautfläche und eine kleinere, hintere, aufgerauhte Beugesehnenfläche. Die Gelenkfläche, deckungsgleich mit der unteren sattelförmigen Gelenkwalze des Kronbeines, wird durch einen flachen Knochenkamm in eine größere mittlere und eine kleinere äußere Gelenkfläche geteilt. An den Berührungspunkten der drei Wandflächen gehen nach hinten platte Fortsätze, die Hufbeinäste, ab.

Das Strahlbein, ein weberschiffchenförmiger Knochen, liegt an der hinteren Seite des Hufgelenkes zwischen den Hufbeinästen. Es vergrößert die Gelenkfläche des Hufgelenkes und dient als Gleitlager für die tiefe Beugesehne.

Die Knochen der Zehe, das Ende des einen Knochens mit dem Ende des anderen Knochens, sind über Gelenke miteinander verbunden. Ein Gelenk besteht aus den knorpelüberzogenen Knochenenden, die durch eine Gelenkkapsel und Bänder zusammengehalten werden. Die von der Gelenkkapsel umschlossene Gelenkhöhle ist mit Gelenkschmiere angefüllt.

Das *Fesselgelenk* verbindet den Mittelfuß mit dem Fesselbein. Es wird gebildet von der Gelenkrolle des Mittelfußes, der Gelenkvertiefung des Fesselbeines und den Gelenkflächen der Gleichbeine. Das Fesselgelenk ist ein Scharniergelenk, das nur bei starker Beugestellung des Fesselbeines eine geringe Seitwärtsbewegung gestattet. Der Fesselträger, ein starker Sehnenstrang, trägt zur Stabilität des Fesselgelenkes passiv bei und verhindert bei der

Belastung ein übermäßiges Durchtreten. Die Fessel der durchtretenden Gliedmaße steht sehr schräg, dabei werden die fast horizontal stehenden Trachtenwände des Hufes belastet.

Die gelenkige Verbindung zwischen Fessel- und Kronbein ist *das Krongelenk*. Die Fesselbeinwalze und die Krongelenkgrube bilden dieses Gelenk, ein Sattelgelenk, das neben der Streckung und Beugung auch geringe Dreh- und Seitwärtsbewegungen zuläßt.

Zwischen Kronbein, Hufbein und Strahlbein befindet sich *das Hufgelenk*. Dieses Sattelgelenk besitzt neben der Beugung und Streckung die Fähigkeit, in höherem Maße als das Krongelenk Dreh- und Seitwärtsbewegungen auszuführen. Bei scharfen Wendungen des Pferdes kommt es zu Drehungen um den stehenden Fuß. Unebenheiten des Erdbodens können durch Dreh- und Seitwärtsbewegungen des Hufgelenkes ausgeglichen werden. Starke Bänder (Hufbein-Strahlbein-Band, Hufbein-Strahlbein-Fesselbein-Band u.a.) unterstützen die kräftige Gelenkkapsel des Hufgelenkes.

Alle Gelenke benötigen Vorrichtungen, die sie gegen das Einknicken nach vorn und hinten fixieren und durch Zug an den Knochen die aktive und passive Bewegung ermöglichen. Diese Vorrichtungen sind die Sehnen. Für die Zehengelenke von Bedeutung sind

1. die gemeinsame Strecksehne mit ihrem Ansatz am Streckfortsatz des Hufbeines,
2. der Fesselträger, der die Gleichbeine umschließt, sich mit Unterstützungsbändern mit der gemeinsamen Strecksehne verbindet und mit einer Reihe sehniger Abzweigungen den Fesseltrageapparat ergänzt,
3. die oberflächliche Beugesehne mit ihren Ansätzen im unteren Bereich des Fesselbeines und an der Kronbeinlehne und
4. die tiefe Beugesehne, die über das Strahlbein zieht und sich fächerförmig an der Sehnensatzfläche des Hufbeines anheftet.

Beiderseits des Hufgelenkes sitzt eine parallelogrammförmige, innen konkav gebogene Platte auf den Hufbeinästen auf. Diese bindegewebig durchzogenen *Hufknorpel* sind mit den Hufbeinästen über das Hufknorpel-Hufbein-Band verbunden. Sie reichen oben bis zur Mitte des Kronbeines und sind hier unter der behaarten Haut tastbar. Die Hufknorpel haben eine große Bedeutung für den Hufmechanismus.

Anatomie des Hufes

Als Huf bezeichnet man die Hornkapsel der Zehenspitze und die darin eingeschlossenen Teile (Abb. 5). Die Huftiere sind Zehenspitzengänger. Im Laufe der Entwicklung hat sich der Huf als besonderes Schutzorgan für die Gliedmaßenspitze und als elastische Komponente im Rahmen der stoßbrechenden Faktoren der Gliedmaße ausgebildet.

Spezielle Stützfunktionen im Huf haben die Knochen, das Hufbein, das Strahlbein und der untere Abschnitt des Kronbeines, die Sehnen, die gemeinsame Strecksehne und die tiefe Beugesehne, die Bänder und die Hufknorpel. Diese stützenden Teile innerhalb der Hornkapsel wurden bereits bei der Besprechung der Zehe berücksichtigt. Die Hornkapsel schließt aber noch speziell gestaltete Teile der Unterhaut und Huflederhaut sowie Teile der Oberhaut mit ein.

Die Unterhaut wird im Huf, dort wo sie den Knochen überzieht, zur Knochenhaut. Sie überzieht den Hufknorpel und wird zum Mittler der Ernährung des Knorpels. Im Saum-, Kron-, Strahl- und Ballenbereich bildet die Unterhaut Polster und Kissen, wichtige Teile des elastischen Mechanismus des Hufes. Die Unterhaut bildet das Saumpolster als rinnenförmige Unterlage für die Saumlederhaut, den daumenstark angelegten Kronwulst und das mächtige polsterartige Hufkissen. Das aus einem Netz von straffen Bindegewebsfasern und elastischen Fasern bestehende Hufkissen unterteilt sich in das

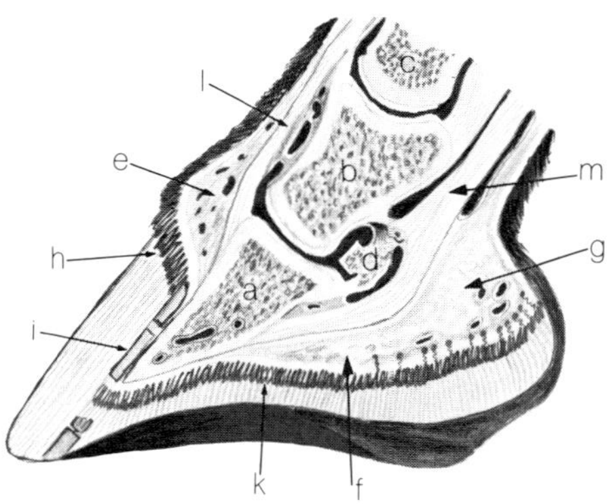

Abb. 5. Querschnitt durch den Huf des Pferdes

a) Hufbein
b) Kronbein
c) Fesselbein
d) Strahlbein
e) Kronwulst
f) Strahlpolster
g) Ballenpolster
h) Kronlederhaut
i) Wandlederhaut
k) Sohlenlederhaut
l) gemeinsame Strecksehne
m) Hufbeinbeugesehne

Ballenpolster und das Strahlpolster. Das schwammartige Ballenpolster befindet sich im hinteren Hufbereich. Es reicht seitlich bis zu den Hufknorpeln und geht nach vorn in das Strahlpolster über. Das Ballenpolster wird durch die Ballengrube in zwei Ballen geteilt. Sie werden zum Teil von der behaarten Haut und von der Ballenlederhaut überzogen. Das Strahlpolster bildet als keilförmiges, elastisches, gefäßarmes Kissen die Grundlage und Konturen des Strahles. Der obere Teil grenzt an die tiefe Beugesehne und geht in das Ballenpolster über. Der untere Teil des Strahlpolsters ist von der Strahllederhaut überzogen und läßt den Strahlkörper und die Strahlschenkel mit der mittleren Strahlfurche erkennen.

Huflederhaut

Die Huflederhaut ist ein Teil der äußeren Haut. Ihr fehlen Haare und Talgdrüsen; Duftdrüsen sind in der Strahllederhaut zu finden. Die starken arteriellen und venösen Gefäßnetze der Huflederhaut sind die Voraussetzung für ihre große flächenhafte Ausbreitung. Sie gestatten eine gleichmäßige Durchblutung in jeder Phase der mechanischen Beanspruchung. Der Hufmechanismus hat eine geringe durchblutungsfördernde Wirkung. Der Blutumlauf im Huf wird durch Einrichtungen gefördert, wie Gefäßkurzschlüsse (zwischen Arterie und Vene besonders im Bereich des Hufbeintragerandes), Polsterarterien, Drosselvenen, Venenklappen, den Druck des Herzens auf das Blut in den Gefäßen und das Druckgefälle in Richtung Herz. Der Bewegung des Pferdes kommt zur Unterstützung des Blutumlaufs im Huf eine wesentliche Bedeutung zu. Die blut- und nervenreiche Huflederhaut wird allgemein als »das Leben« bezeichnet. Die Huflederhaut dient der Ernährung der mit ihr verbundenen vollsaftigen Epithelzellen der Oberhaut. Diese Oberhautzellen bilden das Hufhorn. Die verschieden gestalteten Abschnitte der Huflederhaut (große und kleine Zotten und Blättchen) bestimmen die Form des Hornes (Abb. 6). Folgende Abschnitte der Huflederhaut unterscheiden wir:
Saumlederhaut,
Kronlederhaut mit den Kronlederhauteckstreben,
Wandlederhaut mit den Wandlederhauteckstreben,
Sohlenlederhaut,
Strahllederhaut und Ballenlederhaut.

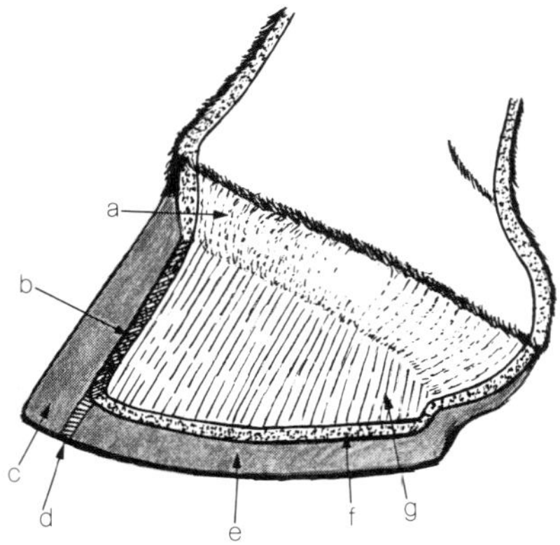

Abb. 6. Anatomie des Hufes

a) Kronsegment
b) Blättchenhorn
c) Röhrchenhorn
d) weiße Linie
e) Sohlenhorn
f) Sohlenlederhaut
g) Wandlederhaut (Blättchenlederhaut)

Saumlederhaut

Die Saumlederhaut liegt in einer 4 bis 6 mm breiten, flachen Rinne zwischen der behaarten Haut und der Kronlederhaut. Sie verläuft rings um die Krone herum bis zu den Ballen. Hier geht sie unmerklich in die Ballenlederhaut über. Durch den Kronfalz grenzt sie sich von der Kronlederhaut ab. Die Saumlederhaut trägt sehr feine, 1 bis 3 mm lange Zotten. Ihre Oberhautzellen bilden das weiche Saumhorn und die Glasurschicht der Hornwand.

Kronlederhaut mit den Kronlederhauteckstreben

Die Kronlederhaut bedeckt den Kronwulst im Verlauf der Hufkrone. Sie zieht sich über die Hufbeinkappe, den Ansatzpunkt der Strecksehne, einen Teil des Kronbeines und der Hufknorpel. An der hinteren oberen Kante der Hufknorpel biegt die Kronlederhaut spitzwinklig nach innen und unten um und verläuft als 4 bis 5 mm breiter Streifen in den seitlichen Strahlfurchen bis in Höhe der Strahlmitte. Dort geht sie in die Sohlenlederhaut über. Die spitzwinklige Umschlagstelle wird Kronlederhauteckstrebe genannt. Über der Hufbeinkappe ist die Kronlederhaut 1,5 cm breit. Über der Krone der Seiten- und Trachtenwand hat sie eine Breite von einem Zentimeter und weniger. Die Kronlederhaut ist mit 4 bis 8 mm langen, dicken Zotten besetzt. Diese Zotten sind am Zehenteil aufgerichtet, an dem Seiten- und Trachtenteil im Bogen nach den Trachten zu angeordnet und stehen im Grenzbereich der Blättchen in geordneten Reihen. Die Epithelzellen der Zotten bilden das Röhrchenhorn. Die Richtung der Zotten bestimmt die Wachstumsrichtung des Röhrchenhorns, der Haupt- oder Schutzschicht.

Wandlederhaut mit den Wandlederhauteckstreben

Die Wandlederhaut liegt dem Hufbein und der Basis des Hufknorpels an. Am hinteren Ende der Hufknorpel schlägt sie sich in einem spitzen Winkel beiderseits der Strahllederhaut nach innen und unten zur Hufsohle hin um und bildet den Eckstrebenteil der Wandlederhaut. Am Tragerand geht die Wandlederhaut in die Sohlenlederhaut über.

Die Wandlederhaut trägt auf ihrer Außenfläche parallel nebeneinander liegende, in gerader Richtung von der Krone bis zum Tragerand verlaufende kapillarhaltige Blättchen. Diese sind mit ihrem hinteren Rand an dem Lederhautkörper befestigt. Ihr Vorderrand und die Seitenflächen sind frei. Die Lederhautblättchen nehmen vom Kronrand bis zur Mitte der Hornwand an Höhe zu, erreichen hier ihre größte Höhe und behalten diese bis zum Tragerand bei. Die Höhe schwankt zwischen 1 und 4 mm. Sie sind im Bereich des Kronrandes der Zehenwand am dicksten. Zum Tragerand sowie zur Seiten- und Trachtenwand hin werden die Wandlederhautblättchen dünner. Ihre Dicke schwankt zwischen 0,05 und 0,2 mm. Die Lederhautblättchen der Zehenwand sind je nach Größe des Hufes 5 bis 7 cm lang. An den Seiten- und Trachtenwänden werden sie kürzer und verschwinden an den Eckstrebenwänden allmählich. Ihre Anzahl verteilt sich unterschiedlich auf die einzelnen Abschnitte der Wandlederhaut. Auf einen Zentimeter kommen an der Zehenwand 25, an den Seitenwänden 20, den Trachtenwänden 15 und an den Eckstrebenwänden 10 Blättchen. Die Wandlederhaut eines Hufes trägt 550 bis 600 Lederhautblättchen. Die Oberfläche dieser Blättchen ist durch Nebenblättchen vergrößert. An jedem Hauptblättchen befinden sich 100 bis 200 Nebenblättchen. Sie belegen eine Fläche von ungefähr einem Quadratmeter. Die Größe des Hufes hat keinen Einfluß auf die Anzahl der Lederhautblättchen. An den freien Sohlenenden und dem freien Rand der Eckstreben besitzen sie 4 bis 6 mm hohe Zotten. Die auf den Lederhautblättchen sitzenden Oberhautzellen erzeugen das Blättchenhorn der Hornwand. Über den endständigen Zotten der Blättchen wird ein unpigmentiertes Horn erzeugt, ein Teil des Hornes der weißen Linie.

Sohlenlederhaut

Die Sohlenlederhaut bedeckt die Sohlenfläche des Hufbeines, der Hufbeinäste und der Hufknorpel. Sie geht unmerklich im Bereich des Strahles in die Strahllederhaut, am Tragerand in die Wandlederhaut und am Eckstrebenteil der Kronlederhaut in die Kronlederhaut über. Die dünne Sohlenlederhaut ist mit langen, starken, schräg nach unten gerichteten Zotten besetzt. Über der Sohlenlederhaut bilden die Epidermiszellen das Horn der Sohle.

Strahllederhaut

Die 2 bis 4 mm dicke Strahllederhaut überzieht das Strahlpolster und ist mit diesem fest verbunden. Ihre Oberfläche ist sehr dicht mit kurzen Zotten besetzt. Nach hinten geht sie unmerklich in die Ballenlederhaut über. Im Eckstrebenteil berühren sich Strahl- und Kronlederhaut. Die äußeren, sichtbaren Konturen der Strahllederhaut werden durch das Strahlpolster bestimmt. Die Epidermiszellen der Strahllederhaut bilden das weiche, helle Strahlhorn.

Ballenlederhaut

Die dünne Ballenlederhaut überzieht die Ballen des Hufes. Sie liegt zwischen der Saum- und der Strahllederhaut und ist mit sehr feinen Zotten besetzt. Ihre Epidermiszellen erzeugen das dünne, weiche Ballenhorn und am Übergang zur allgemeinen Decke der Gliedmaße auch behaarte Haut.

Hornkapsel

Das von den Hufoberhautzellen in der von der Huflederhaut vorgezeichneten Form und Richtung gebildete Horn wird in seiner Gesamtheit als Hornkapsel bezeichnet. Über den Zotten wächst das Horn in Röhrchenform und zwischen den Blättchen in Blättchenform. Die Hornblättchen, die durch ihre vom Hufbein mit seinem Blättchenlederhautüberzug bestimmten Richtung verlaufen, stellen die Schienen für die Schutzschicht dar. Das neugebildete Röhrchen- und Blättchenhorn schiebt die alten Hornmassen vor sich her.

Unter günstigen Voraussetzungen, wie genügender Bewegung des Pferdes und regelmäßiger Hufpflege, wächst das Horn im Monat einen Zentimeter. Das Hornwachstum ist abhängig von dem Geschlecht des Pferdes, bei Hengsten ist das Hornwachstum geringer als bei Wallachen und Stuten, außerdem vom Alter, denn bei jungen Pferden wächst das Horn schneller. Fütterung, Körperpflege und Haarwechsel beeinflussen ebenfalls das Hornwachstum. Das Horn ist zäh und elastisch. Es besitzt bei seiner hohen mechanischen Festigkeit und Widerstandsfähigkeit ein geringes Eigengewicht. Das Horn ist ein schlechter Wärmeleiter für extreme Temperaturen.

Die Hornkapsel besteht aus Harthorn und Weichhorn. Zum Harthorn gehören die Röhrchen- oder Schutzschicht der Wand und das Sohlenhorn; zum Weichhorn gehören das Horn des Saumbandes, das Blättchenhorn mit dem Horn der weißen Linie und das Horn des Strahles und der Ballen. Mit abnehmendem Wassergehalt von innen nach außen wird das Horn fester und härter. Durch eine Austrocknung der Hornkapsel wird das Horn abnorm hart und spröde und verliert seine Elastizität. Das Weichhorn ist sehr quellfähig, es nimmt viel Feuchtigkeit auf und wird dann mürbe. Fett dringt nur unwesentlich in das Horn ein und beeinflußt die Eigenschaften des Hornes nicht direkt.

An der Hornkapsel unterscheiden wir
die Hornwand oder Hufplatte, gebildet von dem Saum-, Kron- und Wandhorn,
die Hornsohle,
den Hornstrahl und
den Hornballen.

Hornwand

Die Hornwand oder Hufplatte reicht vom Kronrand bis zum Tragerand (Abb. 7). Wir unterscheiden eine äußere konvexe, glatte oder mit leichten Querrillen versehene und eine innere konkave,

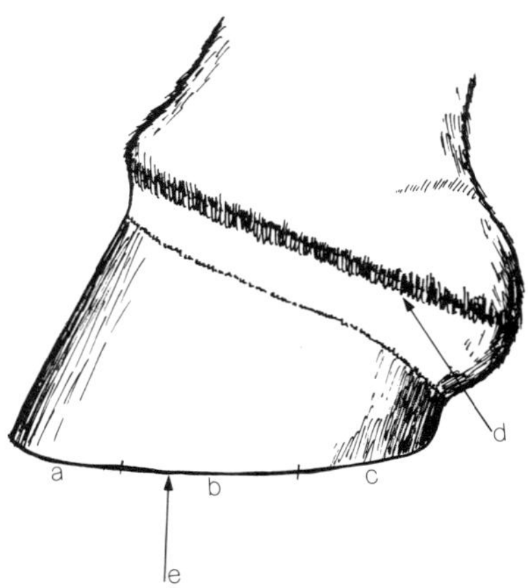

Abb. 7. Abschnitte des Hufes

a) Zehenwand
b) Seitenwand
c) Trachtenwand
d) Kronrand
e) Tragerand

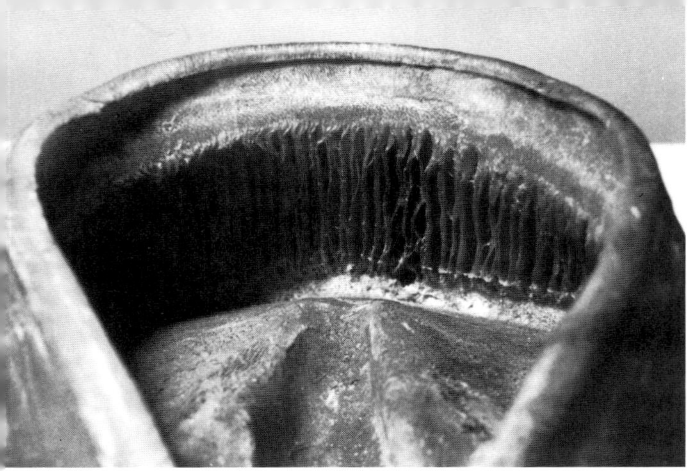

Abb. 8. Hornkapsel (Präparat). Innenwand mit Kronrinne und Blättchenhorn, Sohlenfläche nach innen gewölbt mit Strahlausschnitt.

mit Hornblättchen ausgestattete Hornwand (Abb. 8). In der konkaven Wölbung des Kronrandes läßt sich eine Kronrinne mit feinen porenförmigen Öffnungen unterscheiden. Zu den Ballen hin verbreitert sich die Kronrinne, bildet eine flache, breite Furche und umschließt Teile des Strahlpolsters und der Strahllederhaut. Der Tragerand ist der über die Hufsohle vorstehende untere Rand der Hornwand. An jeder Hornwand oder Hufplatte finden wir eine äußere Hufwand. Jede Hufwand wird weiter unterteilt in den Zehenteil, den Seitenteil oder die Seitenwand, den Trachtenteil oder die Trachtenwand und die Eckstrebe und Eckstrebenwand.

Die beiden Zehenteile der inneren und äußeren Hufwand bilden die Zehen- oder Vorderwand. Neuerdings wird empfohlen, die Zehenwand als Rückenwand zu bezeichnen, entsprechend dem Handrücken der Hand des Menschen. Im Verlaufe von 200 Jahren haben sich die Fachbezeichnungen am Huf entwickelt und von Generation zu Generation überliefert. Diese Fachbe-

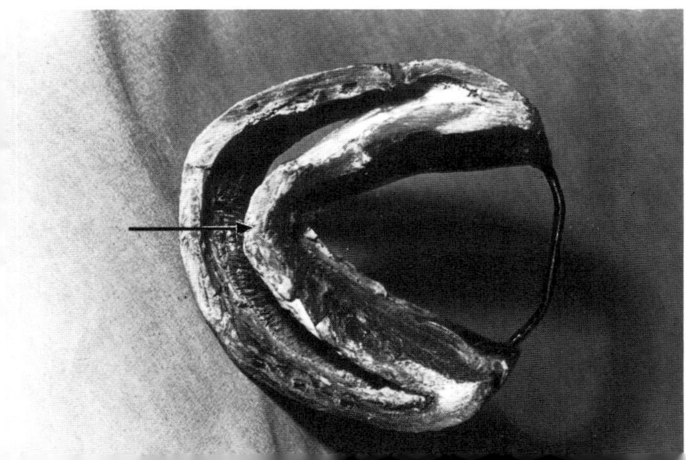

Abb. 9. Hornkapsel (Präparat). Die Eckstrebenwand zieht als Eckstrebenbogen um die Strahlspitze.

zeichnungen sollten beibehalten werden, solange sie nicht sachlich falsch sind. Die Zehenwand hat die größte Neigung zum Erdboden. Sie bildet mit der Tragerandebene an der Vordergliedmaße einen Winkel von 45 bis 50 Grad und an der Hintergliedmaße einen Winkel von 50 bis 55 Grad. Die Seitenwand besitzt einen noch größeren Winkel zur Tragerandebene. Die innere Seitenwand steht immer steiler als die äußere Seitenwand, sie steht fast senkrecht. Der Neigungswinkel der Trachtenwände zur Tragerandebene ist meist über 90 Grad. Die Hornwand biegt sich an ihren hinteren Enden in einem spitzen Winkel nach innen um, läuft zwischen den Sohlenschenkeln und dem Hornstrahl gerade und gestreckt nach vorn und bildet die Eckstrebenwand. An der Umbiegestelle, dem Eckstrebenwinkel, bilden Trachtenwand und Eckstrebenwand eine starke dreikantige Säule, die Eckstrebe. Die Eckstrebenwand wird immer niedriger und verläuft sich in Höhe des Strahlkörpers in der Hufsohle. Nur bei Fohlen und in seltenen Fällen bei ausgewachsenen Pferden zieht die Eckstrebenwand als Eckstrebenbogen um die Strahlspitze herum und vereinigt sich mit der Eckstrebenwand der anderen Seite (Abb. 9). Die Eckstrebenwand besteht überwiegend aus Röhrchenhorn der Schutzschicht. Auf der Innenseite, vom Eckstrebenwinkel bis zur Strahlmitte, wird die Eckstrebenwand vom Blättchenhorn der Verbindungsschicht verstärkt. Die Eckstrebenwände neigen sich der Mitte zu, die oberen Ränder der Eckstrebenwände liegen einander näher als die unteren.

Die Hornwand ist an ihren Zehenteilen am längsten und dicksten. Sie nimmt nach hinten zu den Trachtenwänden an Länge und Dicke ab, an den Vorderhufen deutlicher als an den Hinterhufen. Je größer der Huf ist, desto schräger steht die Hornwand. Mit der Größe der Hufe wird die Hornwand dicker und weicher. Die Kittsubstanz des Hornes nimmt zu, das Horn wird mürbe und brüchig. Edle Pferde besitzen kleine Hufe mit dünnen und harten Hornwänden.

Die Hornwand besteht von außen nach innen aus der Deck- oder Glasurschicht, der Haupt- oder Schutzschicht und der Verbindungs- oder Blättchenschicht.

Die äußere Hornschicht, die Deck- oder Glasurschicht, wird von den Oberhautzellen über der Saumlederhaut gebildet. Zunächst entsteht das Horn des Saumbandes, eines fingerbreiten, dünnen Hornstreifens, der rings um den Kronrand verläuft. Von diesem Saumband aus wird das Horn der Glasurschicht erdbodenwärts über das Horn der Zehenwand, der Seiten- und Trachtenwände geschoben. Die Glasurschicht besteht aus einem weichen, biegsamen, elastischen und in trockenem Zustand glänzenden Horn. Bei Fohlen ist die Glasurschicht noch stark ausgeprägt, mit dem Alter der Pferde nutzt sie sich vermehrt ab. Durch dauernde Feuchtigkeit kann sie aufquellen und brüchig werden. Die Deck- oder Glasurschicht bedingt die glatte, glänzende Oberfläche der Hornwand und schützt die Hauptschicht sowohl vor Feuchtigkeit als auch vor dem Austrocknen.

Die mittlere Hornschicht, die Haupt- oder Schutzschicht, besteht aus Röhrchenhorn. Die Hornröhrchen sind tannenzapfenartig aufgebaute Körper. Sie werden durch Zwischenhorn verbunden. Das Röhrchenhorn wird von den Oberhautzellen über der Kronlederhaut gebildet und auf dem Blättchenhorn bodenwärts geschoben. Die Haupt- oder Schutzschicht ist die dickste der drei Hornschichten. Ihr Umfang wird von der Wölbung des Kronwulstes bestimmt. Im Bereich der Zehenwand hat der Kronwulst eine stärkere Wölbung als an den Trachten. Dementsprechend ist die Hauptschicht an der Zehenwand dicker. Die Wölbung des Kronwulstes ist abhängig von seiner Durchblutung und der regelmäßigen Lage der Organe im Inneren der Hornkapsel. Eine Lageveränderung des Hufbeines flacht den Kronwulst ab und bewirkt eine Änderung des Wachstumes des Röhrchenhornes. Das Röhrchenhorn ist ein sehr zähes, widerstandsfähiges Horn. Es quillt im Wasser nicht auf. Die härtere, dickere Außenschicht kann pigmentiert sein. Die dünne, weiche Innenschicht ist nicht pigmentiert und bildet die *Nagelleiste*.

Das Blättchenhorn der Verbindungs- oder Blättchenschicht wird überwiegend von den Oberhautzellen über den Haupt- und Nebenblättchen der Wandlederhaut und nur in geringem Maße von den Blättchen des Kronsegmentes (Kronwandblättchen) erzeugt. Durch das wechselweise Ineinandergreifen der Lederhauthauptblättchen und ihrer Nebenblättchen mit den Hornblättchen entsteht eine feste elastische Verbindung des Hornschuhes mit der Huflederhaut und mit dem Hufbein. Das Hufbein hängt in der Hornkapsel. Diese elastische Verbindungsschicht fängt über das Hufbein den größten Teil der Körperlast auf; Sohle, Ballen und Strahl werden nur gering direkt belastet. Das Blättchenhorn besteht aus einem pigmentlosen, elastischen, quellfähigen Weichhorn. Es wird ebenfalls erdbodenwärts geschoben. Dieses Horn und das pigmentlose Horn über den endständigen Zotten der Lederhautblättchen bilden die »weiße Linie«.

Abb. 10. Sohlenfläche des Hufes

a) pigmentierte Röhrchenschicht
b) unpigmentierte Röhrchenschicht
c) weiße Linie
d) Sohlenschenkel
e) Eckstrebe
f) Strahlschenkel
g) Strahlkörper
h) Strahlspitze
i) Sohlenkörper

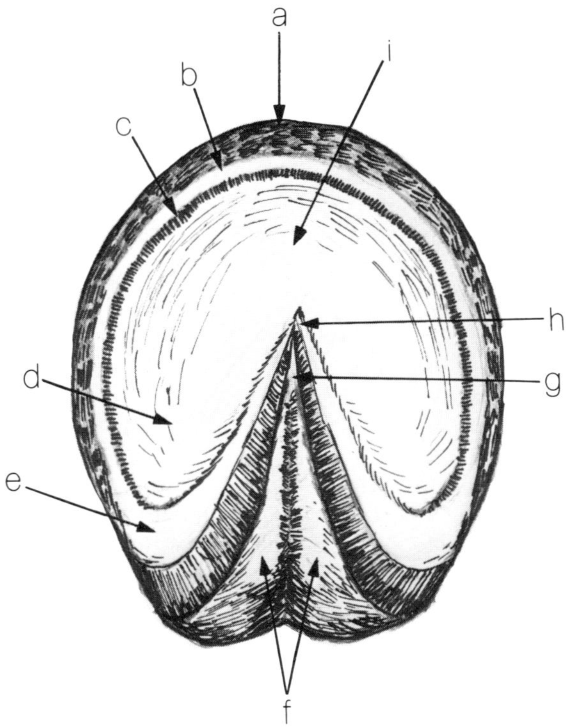

Hornsohle

Das Röhrchenhorn der Hornsohle ist festes, derbes Horn. Es schützt die Weichteile in der Hornkapsel gegen den Druck vom Erdboden. Das Sohlenhorn ist aber weicher als das Wandhorn, an der Sohle können daher spitze Körper eindringen und zu Verletzungen der eingeschlossenen Weichteile führen (Nageltritt). Die auf den langen Zotten der Sohlenlederhaut sitzenden Oberhautzellen bilden das Röhrchenhorn der Hornsohle. Die Hornsohle ist eine ungefähr 1 cm starke Hornplatte, die in der Nähe des Tragerandes am

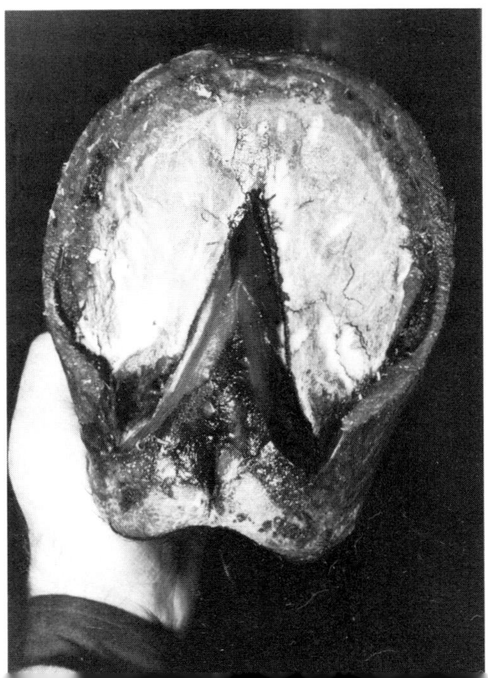

Abb. 11. Sohlenfläche eines Vorderhufs.

stärksten und vor der Strahlspitze am schwächsten ist. Die Stärke der Hornsohle ist abhängig von der Wölbung der Sohle zum Hufbein hin. Stark gewölbte Sohlen haben ein dickeres Horn. Das Sohlenhorn ist am Hinterhuf und an engen Hufen dicker als am Vorderhuf und an weiten Hufen. An der Hornsohle unterscheiden wir den vor der Strahlspitze liegenden Sohlenkörper und die beiden nach hinten spitz zulaufenden Sohlenschenkel mit ihren zwischen den Eckstreben und den Trachtenwänden gelegenen Sohlenwinkeln (Abb. 10 und 11).

Hornstrahl

Der Hornstrahl, von den Oberhautzellen über der Strahllederhaut gebildet, schiebt sich keilförmig zwischen die Sohlenschenkel der Hornsohle ein. Im Querschnitt beschreibt der Hornstrahl eine W-Form. Die mittlere Strahlfurche teilt den Strahl im hinteren Abschnitt in zwei Strahlschenkel. Diese sind durch die tiefen seitlichen Strahlfurchen von den Eckstrebenwänden getrennt. Die Strahlschenkel vereinigen sich nach vorn zum Strahlkörper, der weiter in die stumpfe Strahlspitze ausläuft. Strahlkörper und Strahlschenkel liegen bei regelmäßigen Hufen mit dem Tragerand in einer Ebene. Das elastische, widerstandsfähige, weiche Strahlhorn besteht aus Röhrchenhorn; es geht ohne Grenze in die Hornsohle und die Hornballen über.

Hornballen

Über den Ballen wird von den Oberhautzellen dünnes, weiches Ballenhorn gebildet. Dieses geht nach oben unmerklich in behaarte Hautregionen über. Die mittlere Strahlfurche verlängert sich zur Ballenfurche und teilt das Ballenpolster in zwei gleich große, zum Teil vom Ballenhorn und zum Teil von behaarter Haut überzogene Ballen.

Hufmechanismus

Unter der Einwirkung der Körperlast und dem Gegendruck des Bodens ist der Huf Formveränderungen unterworfen, die in ihrer Gesamtheit als Hufmechanismus bezeichnet werden. Die Bewegungen des Hufes sind Ausdruck seiner

Elastizität. Diese Veränderungen laufen nicht nach einem gleichen Schema ab. Jede Belastung des Hufes weicht in ihrer Stärke, dem Winkel des einfallenden Druckes und dem stets wechselnden Bodendruck von der vorhergehenden ab. Deshalb wird nie eine Formveränderung der folgenden gleichen. Nach der Entlastung gehen die deformierten elastischen Organe in ihre Ausgangsform zurück. Der von der Knochensäule auf das Hufbein ausgeübte Druck wird über die Blättchenschicht der Huflederhaut auf die Hornblättchen und über das Zwischenröhrchenhorn auf die Hornröhrchen übertragen. Durch den tannenzapfenartigen, lamellären Aufbau sind die Hornröhrchen in der Lage, den vertikalen und den horizontalen Druck elastisch aufzufangen. Diese Eigenschaft der Hornröhrchen verleiht der Hornkapsel eine große Eigenelastizität.

Neben der Eigenelastizität der Hornkapsel wird der Hufmechanismus durch folgende Faktoren bestimmt:
- das Abwechseln von Weichhorn (Horn des Saumbandes, des Strahles, der Blättchenschicht, der weißen Linie und des Ballens) und Harthorn (Horn der Schutzschicht und der Sohle),
- das Dünnerwerden der Hornwand von der Zehenwand zur Trachtenwand,
- die Ausbildung der Eckstrebenwände, die ein Auseinanderweichen des Hufes in den hinteren Abschnitten gestatten,
- die W-Form des Strahles; bei Belastung der Hornkapsel ziehen die Trachtenwände den Strahl auseinander, das W flacht ab und der Strahl wird zum Erdboden hin gedrückt; die W-Form des Strahles verleiht ihm eine federnde Elastizität, die durch die Polsterwirkung des Strahlkissens noch verstärkt wird;
- die senkrecht gestellten, innen leicht konkav gebogenen Hufknorpel, die wie federnde Platten wirken,
- die durch das Ballenpolster elastischen Ballen.

Folgende Bewegungen der Hornkapsel bei Belastung wurden mittels Dehnungsmeßstreifen von Knezevic (1962) festgestellt (Abb. 12):
- Verengung der Hornkapsel an der Krone der Zehenwand,
- Verengung in der Mitte der Zehenwand,
- Verengung und Erweiterung am Tragerand der Zehenwand (die Größe der Veränderungen nimmt dabei vom Kronrand zum Tragerand hin ab),
- Verengung und Erweiterung an der weitesten Stelle des Hufes (auch hier sind die Bewegungen am Kronrand stärker als am Tragerand),

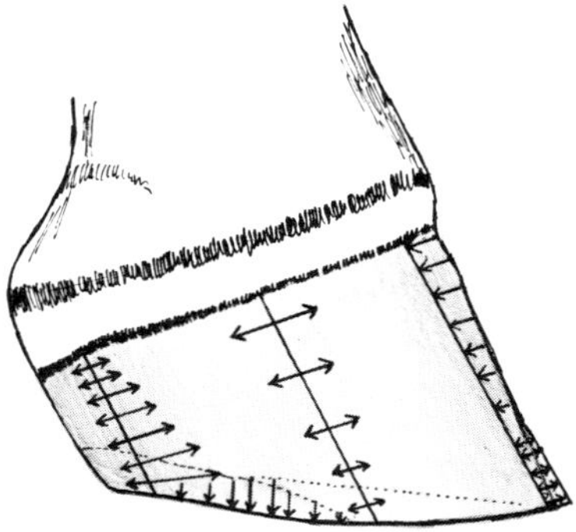

Abb. 12. Hufmechanismus. Dehnungen der Zehen-, Seiten-, Trachtenwand und Sohle.

- Verengung und Erweiterung an den Trachtenwänden, wobei die Erweiterungen überwiegen (die größten Bewegungen finden am Trachtentragerand statt; sie können sich als Schliffrinnen auf der Tragefläche des Hufeisens an den Schenkelenden bemerkbar machen),
- Senken der gewölbten Hufsohle, besonders des Strahlkörpers.

Die Verformungen der Hornkapsel sind abhängig von der Elastizität des Hufhornes (Pflegezustand), der Größe des Hufes, der Masse und Gesamtlänge des Pferdes, der Länge der Gliedmaßenabschnitte sowie der Rasse und Gangart. Die Dehnungen der Hornkapsel sind bei Warmblutpferden größer als bei Kaltblütern. Bei schnellen Gangarten vergrößern sich die zwischen dem Huf und dem Boden auftretenden Druckkräfte und damit die Bewegungen der Hornkapsel. Der Hufbeschlag vermindert ihre Ausdehnungen. Einen bedeutenden Einfluß auf die Dehnungen des Hornes übt die Beschaffenheit des Bodens aus. Auf dem harten und glatten Boden haben nur der Tragerand und eventuell Teile des Hornstrahles Berührung mit dem Erdboden. Der Zug und Druck über die Hornkapsel ist hier am größten; die Hornkapsel zeigt die stärkste Beweglichkeit. Besonders die Trachtenbeweglichkeit ist hier sehr groß. Sinken die Gliedmaßen im tiefen Boden ein, ist die Auflagefläche vergrößert, Sohle und Strahl tragen mit. Die Trachtenbewegung ist eingeschränkt, der tiefe Boden umklammert den Huf bei der Belastung. Auf hartem Boden dehnen sich im Schritt und Trab die Hornkapseln der Vorderhufe stärker aus als die der Hinterhufe. Im tiefen Sandboden ist durch die größere Schubkraft der Hintergliedmaße eine stärkere Bewegung der Hornkapsel der Hinterhufe festzustellen.

Der regelmäßige Huf

Bei der Beurteilung gelten für einen regelmäßigen Huf folgende Kriterien:

Die waagerechte Krone zieht als gleichmäßiger, elastischer Wulst von vorn oben nach hinten zu den Ballen.

Die Hornwand verläuft vom Kronrand zum Tragerand in gerader und gestreckter Richtung.

Sie ist auf der von der Glasurschicht überzogenen Region glatt und glänzend, besteht aus festem Horn und zeigt keinerlei Horntrennungen. Parallel zur Krone über die ganze Hornwand verlaufende Ringe und Furchen sind nicht krankhaft oder fehlerhaft.

Die Zehenwand und die Trachtenwand verlaufen in der für den Vorderhuf und den Hinterhuf bestimmten Winkelung zum Tragerand zueinander parallel.

Die Hornsohle ist der Hufform entsprechend gewölbt und gleichmäßig in ihrer Hornfärbung.

Der Tragerand verläuft in einem der Hufform entsprechenden gleichmäßigen Bogen, vollkantig, stützfähig und in einer geschlossenen Ebene mit dem Sohlenrand.

Die weiße Linie verläuft parallel zum Tragerand. Sie stellt eine ununterbrochene Verbindung von Hornsohle und Hornwand her und ist gleichmäßig in ihrer Färbung.

Der Strahl ist kräftig und besteht durchgehend aus elastischem Horn. Die mittlere und die seitlichen Strahlfurchen sind weit offen und trocken.

Die Eckstrebenwände verlaufen von den Eckstrebenwinkeln aus in gerader Richtung nach vorn und innen zum Strahlkörper hin.

Die Hufknorpel sind elastisch.

Die Ballen sind kräftig entwickelt, gleich groß, rund und liegen auf gleicher Höhe.

Hufpflege

Eine sachgemäße Hufpflege und Hufkorrektur kann die regelmäßige Hufform erhalten. Sie ist besonders dann notwendig, wenn die Hufe durch geringe Bewegung des Pferdes und unhygienische Stallverhältnisse sowie fehlerhaften Beschlag ihre natürliche Elastizität und Form verlieren.

Zur Hufpflege gehört deshalb eine regelmäßige Bewegung des Pferdes. Diese führt zu einem gleichmäßigen Hornwachstum. Die Bodenbeschaffenheit spielt dabei eine bedeutende Rolle. Ideal ist der Erdboden, der sich bei Belastung gering eindrücken läßt. Er füllt sowohl die Sohlenwölbung des nicht beschlagenen Hufes als auch den Raum zwischen Hufeisen, Hornsohle und Strahl am beschlagenen Huf aus und schafft so eine Bodenberührung des Hufes. Der tiefe, weiche, nachgiebige Boden gewährleistet ebenfalls eine volle Bodenberührung. Der Hufmechanismus ist aber eingeschränkt, da sich dieser Boden bei jeder Belastung wie eine Manschette um die Hornkapsel herumlegt. Nachteilig wirkt sich sehr harter Boden besonders an den beschlagenen Hufen aus. Durch das Hufeisen werden Hornstrahl, Hornsohle und die Eckstreben dem natürlichen Gegendruck des Erdbodens entzogen. Jede Belastung auf dem harten Boden wird über das Hufeisen verstärkt auf den Tragerand des Hufes übertragen.

Die Stallhaltung übt einen schädigenden Einfluß auf den Huf aus. Dieser macht sich an beschlagenen Hufen stärker bemerkbar als an unbeschlagenen. Die Qualität des Hornes ist wesentlich von seinem Feuchtigkeitsgehalt abhängig. Stehen die Pferde auf trockener Einstreu, werden die Hufe trocken und spröde. Vor allem das Wandhorn wird hart und reißt leicht ein. Die Elastizität der Hornkapsel mindert sich. Der Strahl trocknet rasch aus, Strahlkörper und Strahlschenkel werden hart und bekommen messerscharfe Ränder. Die Vorderhufe der Ständerpferde sind vor allem benachteiligt, denn die Hinterhufe werden durch den Urin etwas angefeuchtet.

Ist die Einstreu sehr feucht, werden die Hufe mürbe, das Horn weich und bröckelig. Die Weichhornteile quellen schnell auf. Das Strahlhorn wird weich und anfällig für chemische und physikalische Zersetzungsvorgänge. Durch gärenden Dung und ammoniakhaltige Jauche beginnt sich das Strahlhorn aufzulösen. Das veränderte und vorbereitete Horn wird schließlich durch

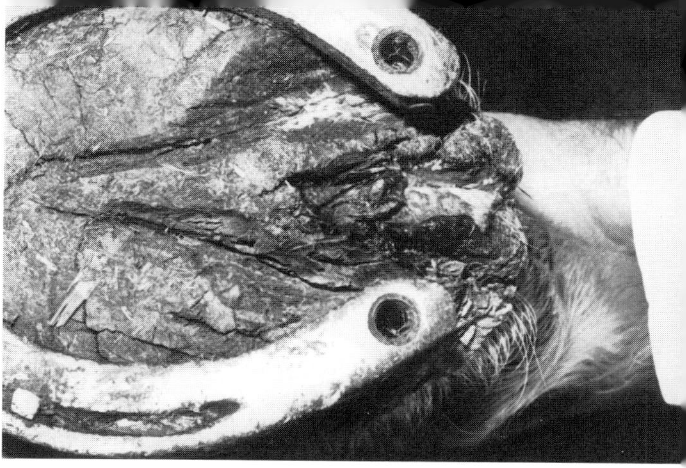

Abb. 13. Strahlfäule. Horndefekte besonders in der mittleren Strahlfurche.

Fäulniskeime zersetzt. Das Horn verfault und wird in eine graue, schmierige, stinkende Masse verwandelt. Das Zwischenhorn löst sich zuerst auf. Die tannenzapfenartigen Hornröhrchen leisten der Zersetzung länger Widerstand und sind im fortgeschrittenen Stadium als bandartige Hornzapfen zwischen den schmierigen, käsigen Zersetzungsprodukten festzustellen. Diese *Strahlfäule* beginnt gewöhnlich in der mittleren Strahlfurche (Abb. 13) und greift dann über die Strahlschenkel auf die Ballen über. Eine chronische Saumbandentzündung kann sich anschließen. Die Reizung des Saumbandes äußert sich in einer charakteristischen Ringbildung. Die schmalen Hornringe laufen parallel zueinander von den Trachten schräg zur Krone und kreuzen dabei die Futter- und Ernährungsringe (Abb. 14). Aus der Anzahl der Ringe läßt sich nicht auf die Stärke des Fäulnisprozesses schließen. Neben der nassen Einstreu wirken das starke Beschneiden des Strahles und ein Hufbeschlag, der die Belastung des Strahles ausschließt, begünstigend auf die Zersetzung des Strahles. Die Strahlfäule ist keine Infektionskrankheit, sondern die Reaktion des Hufes auf eine unzureichende Hufpflege und schlechte hygienische Stallverhältnisse.

Abb. 14. Hornkapsel (Präparat) mit Strahlfäuleringen an der äußeren Hornwand.

Durchführung der Hufpflege

Nach dem Putzen oder nach der Bewegung des Pferdes werden die Hufe untersucht. Die Strahlfurchen reinigt man mit einem Hufräumer von Schmutz und Fremdkörpern. Die Hornwände und die Sohle werden täglich einmal abgewaschen und mit einer Wurzelbürste gereinigt. Häufigeres Waschen und Bürsten führt zur Reizung und zum Aufquellen des Saumbandes. Werden die Gliedmaßen mitgewaschen, müssen sie abgetrocknet werden, sonst sammelt sich das ablaufende Wasser in der Fesselbeuge und gelangt von hier in die mittlere Strahlfurche. Die Strahlfäule wird begünstigt.

Auf die gereinigte Hornwand und Hornsohle wird dann in einer dünnen Schicht Fett aufgetragen. Das Fett hat die Aufgabe, dem gewaschenen Huf die Feuchtigkeit lange zu erhalten oder von einem weichen, mürben Huf die Feuchtigkeit fernzuhalten. Das Hornwachstum wird durch das Fett nicht beeinflußt. Es wird nur säurefreies Fett von guter Qualität verwendet. Ein Zeichen für die gute Qualität des Fettes ist es, wenn nach dem Einfetten die natürliche Farbe des Hornes sichtbar bleibt. Altöle, ranzige Fette, Petroleum und ähnliches führen zu Reizungen der Weichhornteile des Hufes.

Beginnt der Strahl zu faulen, wird die mittlere Strahlfurche erweitert, so daß die veränderten Herde erreicht werden können. Die schmierigen, zersetzten Hornmassen werden entfernt. Große Defekte werden mit einem Gazetupfer austamponiert.

Strahlfäule wird mit milden, austrocknenden, desinfizierenden Mitteln behandelt, z.B. Jodtinktur, Myrrhentinktur und Jodoformpulver. Bewährt hat sich Jodoformäther, der, als 10%ige Lösung verwendet, in alle Risse und Spalten eindringt. Mittel wie Eisenchlorid und Kupfersulfat ätzen sehr stark; sie sollten dem Tierarzt zur Behandlung überlassen bleiben. Holzteer ist zur Behandlung der Strahlfäule abzulehnen. Es kann als feuchtigkeitsabweisendes Mittel nur an gesunden Hufen Verwendung finden. Fäulnisprozesse sind oft nicht wahrzunehmen. Diese werden von Holzteer luftdicht abgeschlossen. Die Bakterien, die unter Luftabschluß wachsen können, setzen ihr zerstörerisches Werk fort.

Durch einen zweckmäßigen Hufbeschlag wird die Behandlung der Strahlfäule unterstützt. Es werden Hufeisen verwendet, die eine verstärkte Belastung des Strahles gestatten, wie halbmondförmige und glatte Hufeisen.

Pflege der Fohlenhufe

Fohlen werden allgemein mit regelmäßigen und gesunden Hufen geboren. Die Aufgabe des Züchters und Besitzers ist es, durch regelmäßige Hufpflege die Hufe gesund zu erhalten.

Bald nach der Geburt werden die Hufe des Fohlens untersucht. Der Fohlenhuf hat eine verkehrt-kegelförmige Gestalt; der Kronenrand hat einen größeren Umfang als der Tragerand. Die Sohlenfläche besitzt eine spitzrunde Form. Die Eckstrebenwände verlaufen oft in einem Bogen um die Strahlspitze herum. An der Sohlenfläche neugeborener Fohlen befindet sich ein weiches, wenig verhorntes, zottiges, lamellenartiges Polster, das Fohlenkissen. Dieses Fohlenkissen stößt sich in den ersten Tagen nach der Geburt von selbst ab. Es darf nicht herausgeschnitten werden.

Je nach den Haltungsbedingungen der Fohlen ist die Hufpflege entsprechend durchzuführen. Ungepflegte, verwahrloste Fohlenhufe sind häufig Ursachen späterer Gliedmaßenerkrankungen.

Am gesündesten ist die Weidehaltung. Durch die regelmäßige Bewegung auf der Weide bekommen die Fohlenhufe ihre spätere Form eines Kegels. Der Tragerand bekommt allmählich einen größeren Umfang als der Kronrand. Der Tragerand der Zehenwand wird kreisrund an den Vorderhufen und rundoval an den Hinterhufen; Hornsohle und Hornstrahl entwickeln sich kräftig. Der Bodenbeschaffenheit kommt bei der Entwicklung der Fohlenhufe große Bedeutung zu. Ein mäßig eindrückbarer, trockener Boden ist optimal für die Entwicklung eines regelmäßigen Hufes. Die Hufe nutzen sich bei regelmäßiger Gliedmaßenstellung gleichmäßig ab und müssen nicht korrigiert werden. Auf weichem, feuchtem Boden bekommen die Fohlen weite Hufe. Ein hoher Anteil an Zwischenhorn ist Ursache bröckeliger, weicher Hufe. Auf hartem Boden bilden sich kleine Hufe mit einem zähen, widerstandsfähigen, harten Horn aus. Ein Nachteil des harten Untergrundes ist es, daß die Zehenwände oft stark abgerieben werden und Fohlenbockhufe entstehen können.

Die Fohlenhufe sollten regelmäßig nach 4 bis 6 Wochen kontrolliert werden. Werden die Fohlen im Stall gehalten, sind die nachteiligen Auswirkungen auf die Fohlenhufe besonders groß. Die Hufe bleiben eng, klein und hornarm. Durch den Mangel an Bewegung wird das Horn ungenügend abgenutzt. Die Zehen werden zu lang und die hinteren Abschnitte des Hufes vermehrt belastet. Die Trachtenwände rollen sich ein. Der Strahl verkümmert. Es entsteht ein Trachtenzwanghuf. Durch die Stallhaltung tritt auch

Strahlfäule häufiger auf. Werden die Fohlen im Stall gehalten, sollten die Hufe daher in einem Abstand von 14 Tagen kontrolliert werden.

Mit der regelmäßigen Untersuchung der Hufe gewöhnt man das Fohlen daran, am Halfter ruhig zu stehen und die Gliedmaßen zu heben. Werden die Hufe der Mutterstute korrigiert, sollte das Fohlen dabei sein. In Begleitung der Mutterstute wird die Angst vor den fremden Eindrücken, der fremden Umgebung und dem Lärm in der Schmiede schneller überwunden. Junge Pferde sollten erst dann beschlagen werden, wenn die Hufe voll ausgewachsen sind und die Pferde regelmäßig zur Arbeit herangezogen werden. Der Hufbeschlag ist notwendig, wenn der Hornabrieb stärker ist als das Hornwachstum. Durch den Beschlag werden die Hufe enger. Weite Hufe junger Pferde erhalten durch den Hufbeschlag eine regelmäßige Form.

Hufpflege barfußgehender Pferde

Gestatten es die Art der Dienstleistung und die Bodenverhältnisse, läßt man die Pferde barfuß gehen. Für krankhaft veränderte Hufe ist ein saisonbedingter Weidegang ohne Hufeisen vorteilhaft. Am unbeschlagenen Huf kann sich der Hufmechanismus voll entfalten. Läßt man die Pferde auf der Weide gehen, können kranke Hufe gebessert oder geheilt werden. Die Bewegung auf der Weide fördert das Hornwachstum besonders der Sohle und des Strahles. Bevor man orthopädische Beschläge durch den Schmied entfernen läßt, sollte man den Tierarzt um Rat fragen. Bei Mutterstuten werden zum Schutz des Personals und der neugeborenen Fohlen einige Tage vor der Geburt die Hintereisen entfernt.

Bevor man beschlagenen Pferden die Hufeisen für längere Zeit abnimmt, läßt man sie so lange wie möglich mit den alten Eisen laufen, damit viel Horn nachwachsen kann. Sind die Hufeisen entfernt, werden die Hufe stark berundet und aus der Sohle wird nur loses Horn entfernt. Besonders die Sohle barfußgehender Pferde muß kräftig, ohne Zusammenhangstrennungen und von regelmäßiger Farbe sein.

Auch barfußgehende Pferde bedürfen unbedingt sorgfältiger Hufpflege. Barfußgehende Pferde laufen vorwiegend die Zehenwand ab. Die Trachten werden höher und müssen regelmäßig gekürzt werden. Außerdem wird der Tragerand alle 4 bis 6 Wochen berundet. Ein Ausbrechen des Tragerandes und das Entstehen von Hornspalten wird damit verhindert. Sehr schräg gestellte Hornwände großer, weicher Hufe brechen häufiger am Tragerand aus. Der Tragerand dieser schrägen Hornwände wird höher berundet als der steiler Hornwände von engen Hufen.

Hufpflege beschlagener Pferde

Der Hufbeschlag wirkt sich, obwohl er oft unerläßlich ist, nachteilig auf den Huf aus. Diese Nachteile sollten durch die Hufpflege gemindert oder ausgeglichen werden. Der Hufbeschlag mindert das Hornwachstum. An der Zehenwand wird das Horn nicht abgenutzt. Der Huf wird an der Zehe zu lang. Der Tragerand wird an den Trachten abgerieben. Mit dem Wachstum der Zehe und dem Abrieb der Trachten wird die Zehenachse gebrochen, der hintere Hufabschnitt, Gelenke und Sehnen werden unphysiologisch belastet. Eine regelmäßige Hufkorrektur und ein Umschlagen der Hufeisen im Abstand von 4 bis 6 Wochen sind notwendig.

Die beschlagenen Hufe werden täglich daraufhin untersucht, ob die Hufeisen noch fest sitzen, die Nieten nicht vorstehen, der Tragerand nicht über das Eisen vorsteht und der Beschlag nicht überfällig ist. Das Wechseln abgelaufener und schiefer Stollen hat zu erfolgen. Schraubstollen werden entfernt, bevor man das Pferd nach der Arbeit in den Stall bringt.

Hufbeschlag

Geschichte des Hufbeschlags

Alle Tiere, die der Mensch domestiziert hat, wurden Lebensbedingungen unterworfen, für welche sie von Natur aus nicht bestimmt waren. Während bei den Wildpferden ein Gleichgewicht zwischen dem Abnutzen und Nachwachsen des Hufhorns bestand, wurde dies bei den zur Arbeit herangezogenen Tieren gestört. Die Pferde mußten regelmäßig beschuht werden, um Erkrankungen der Hufe und Gliedmaßen vorzubeugen. Mit der Geschichte der Pferdehaltung beginnt deshalb auch die Geschichte der Hufpflege und des Hufschutzes.

Der Hufbeschlag mit Nägeln war mit Sicherheit den antiken Völkern nicht bekannt. Sie kannten aber Möglichkeiten, das Hufhorn zu härten und zu schützen. Zu diesem Zweck wurden die Pferde auf harten Steinfußboden gestellt, Steine unter die Hufe gebunden oder die Hufsohlen mit Pech überzogen. Columella und Vegetius (1. Jh. v. Chr.) beschrieben die Benutzung von Hufschutzmitteln aus geflochtenem Ginster, Schilf und Bast. Aus diesen Materialien wurden Schuhe hergestellt, die mit Riemen oder Stricken oberhalb des Hufes befestigt wurden. Teilweise wurde der untere Teil des Hufschuhes mit einer Metallplatte verstärkt, und später wurde diese Hipposandale ganz aus Metall hergestellt. Hipposandalen (Abb. 15) sind durchbrochene Metallplatten mit nach hinten ausgeschmiedeten Haken. Über dem Zehenteil befindet sich ein Bügel und an den Seiten mit Ringen oder Ösen versehene Aufbiegungen. Die Hipposandalen wurden bei Ausgrabungen in England, Frankreich, der Schweiz und Deutschland überall dort gefunden, wo sich die Römer niedergelassen hatten.

Im 6. Jahrhundert v. Chr. besiedelten die Kelten und Gallier weite Teile von Europa und Asien. Ihnen war der Hufbeschlag unbekannt. Sie jagten und verzehrten das Pferd, zogen es aber nicht zur Arbeit heran. Vom 9. Jahrhundert n. Chr. an verbreitete sich allgemein der Hufbeschlag mit Nägeln. In alten deutschen Gesetzbüchern (»Sachsenspiegel« und »Gottesfrieden«) befassen sich Autoren mit dem Hufbeschlag der damaligen Zeit. Die erste Statue in Deutschland, die ein beschlagenes Pferd zeigt, ist die Reiterstatue im Dom von Bamberg. Der »Bamberger Reiter« stammt aus dem 13. Jahrhundert. Die deutschen Hufeisen des 9. bis 11. Jahrhunderts waren schmal und dünn. Sie

Abb. 15. Hipposandale aus Eisen (Nachbildung).

bedeckten nur den äußeren Tragerand und waren mit stark aufgetriebenen Nagellöchern versehen. Die Hufeisen aus der Zeit vom 11. bis 13. Jahrhundert besitzen einen breiten, aber dünnen Zehenteil und schmal auslaufende, mit einem aufgebogenen Stollen ausgestattete Schenkelenden. Das altdeutsche Hufeisen, auch Schwedeneisen genannt, aus dem 13. bis 15. Jahrhundert, ist dick und breit, mit einem breiten Zehenteil und breiten Schenkeln und neben Stollen mit einem Griff versehen. Im 16. Jahrhundert sind die schriftlichen Überlieferungen über den Hufbeschlag zahlreich. In Deutschland erscheint 1598 ein Buch von Seuter über Vieharzneikunde. Hierin wird über einen orthopädischen Hufbeschlag zur Heilung von Zwanghufen berichtet. Mit der Gründung der staatlichen Lehrschmieden und der tierärztlichen Hochschulen in der zweiten Hälfte des 18. Jahrhunderts wird der Hufbeschlag und die Behandlung der Hufkrankheiten wissenschaftlich bearbeitet. Es sind Leisering und Hartmann, Groß, Lungwitz, Eberlein, Gutenäcker, Köster, Habacher und Fischer, die zum wissenschaftlichen Ausbau der Hufkunde mit ihren Arbeiten beigetragen haben. Der »Fuß des Pferdes« von A. Fischer gilt als das Standardwerk des Hufbeschlages.

Die Beschlagschmiede

Ungefähr 60 % der Pferde in Deutschland werden in einer Schmiede beschlagen, die übrigen über eine »Feldschmiede« versorgt. Zu einer Beschlagschmiede gehören folgende Räume:

Schmiedewerkstatt

Hier sind zweckmäßig und übersichtlich die Großwerkzeuge untergebracht. Der Schmiedeherd (Esse) (Abb. 16) steht nahe der Beschlagbrücke. Er besteht aus einem Stahlfeuertisch, in welchem Feuerschüsseln und Löschtröge eingelassen sind. Ein Elektroventilator führt Luft über eine Windform zum Feuer. Man unterscheidet ein Seitengebläse und ein Untergebläse. Das Seitengebläse bringt die Luft von der Seite zum Feuer. Vorteilhafter ist das Untergebläse. Die Zuluft gelangt hier aus einem Windkessel, der unter der Feuergrube liegt, durch das Feuer hindurch. Ein Rauchfang über der Esse zieht den entstehenden Rauch in den Schornstein ab.

Auf der Esse wird die Glühhitze zur Erwärmung und Verformung der Hufeisen erzeugt. Als Brennmaterial werden Steinkohle, Koks oder eine Vermengung von Koks und Steinkohle verwendet. Steinkohle entzündet sich schnell und brennt gleichmäßig unter geringer Asche- und Rauchentwicklung. Sie hat eine gute Backfähigkeit. Wird die Steinkohle

Abb. 16. Schmiedewerkstatt. Esse und Amboß.

Abb. 17. Schmiedewerkstatt. Großwerkzeuge.

erhitzt, werden Teerstoffe flüssig und erscheinen an der Oberfläche der Kohle. Diese Teerstoffe kühlen durch das kalte Wasser des Löschwisches ab, werden fest und schließen das Feuer nach oben hin ab. Die Kohle »bäckt« über dem Feuer zusammen, und es entsteht ein gutes Unterfeuer. Die Größe der Kohlestücke wird mit »Nuß« bezeichnet. Geeignet ist die Steinkohle »Spezialbrand 3 – Ruhrsteinkohle Nuß 4«. Koks besitzt eine größere Heizkraft als Steinkohle und erzeugt ein ruß- und rauchfreies Schmiedefeuer. Er hat jedoch eine schlechte Backfähigkeit.

Neben der Esse steht der Amboß. Auf dem Amboß wird das glühende Eisen bearbeitet und zu einem Hufeisen geformt. Die 2 bis 3 cm dicke, glatte Amboßbahn aus Stahl liegt auf einem parabelförmigen Eisenklotz. Dieser ist nach der linken Seite zu einem runden und nach der rechten Seite zu einem vierkantigen Horn ausgezogen. Vorsprünge an der Brustwand des Ambosses dienen dem Stauchen von Eisenstücken. Der Amboß ruht auf einem gußeisernen Sockel, der Glocke. Diese ist mit Zement oder Sand gefüllt.

Nahe dem Amboß werden Hämmer und Zangen zum Anfertigen und Bearbeiten der Hufeisen, der Größe und Zweckmäßigkeit nach geordnet, aufbewahrt. Diese Geräte entsprechen in ihren Abmessungen und Formen der »Deutschen Industrienorm (DIN)«. Der Schmied braucht zwei Arten von Hämmern. Zum einen solche, die direkt zum Schlagen auf das zu schmiedende Eisen benützt werden, und zum anderen die, welche auf das glühende Eisen aufgesetzt und mit Schlägen eingetrieben werden. Mit dem Vorschlaghammer und dem Ballhammer wird das glühende Eisen direkt verformt. Beide sehen gleich aus. Die Bahn (untere Fläche des Hammers) ist glatt und der Ballen (obere Fläche) mit einem kugelförmigen Aufsatz versehen. Der Vorschlaghammer wiegt 3 bis 4 kg. Der Ballhammer oder Handhammer ist nur 1,5 kg schwer.

Die folgenden Hämmer werden auf das glühende Eisen aufgesetzt und mit dem Vorschlaghammer in das Eisen eingetrieben: Der Schrotmeißel, ein keilförmiger Hammer, und der Verhauhammer mit einer halbrunden, scharfen Schneide werden zum Abtrennen von Eisenteilen benutzt. Mit dem Falzhammer, dessen keilförmige Schneide kurz angeschrägt ist, wird der Falz auf der Bodenfläche des Hufeisens ausgezogen. Die Versenkungen für die Nagelköpfe werden mit dem keilförmigen Stempelhammer ausgearbeitet. Die abgeflachte Spitze des Stempelhammers entspricht genau der Stärke des Nagelkopfes. Die vorgestempelten Nagellöcher schließlich werden mit dem Spitzhammer durchgeschlagen. Die rechteckige Bahn des Spitzhammers entspricht der Form und Größe der Nagelklinge.

An Zangen unterscheiden wir die Feuerzangen und die Handzangen. Mit den Feuerzangen hält man den Eisenstab zum Erhitzen in das Feuer. Zangen dieser Art mit einem großen und weiten Maul heißen Bauschzangen. Das Bauschen (Ausschweißen), das Ineinanderschlagen zweier glühender Eisenteile, ist sehr zeitraubend und wird nicht mehr durchgeführt. Die Handzangen verwendet man zum Festhalten des erwärmten Eisens beim Schmieden. Feuer- und Handzangen unterscheiden sich nur durch ihre Größe, nicht in ihrer Form.

In einer modernen Hufbeschlagschmiede befinden sich ferner diverse Feilbänke mit Schraubstöcken, eine Schweißkabine mit autogenen und elektrischen Schweißapparaten, ein Schleifbock mit Schleifscheiben unterschiedlicher Körnung, eine Säulenbohrmaschine, eine Kaltsäge und Vorrichtungen zum Gewindeschneiden (Abb. 17).

Beschlagbrücke

Auf der Beschlagbrücke werden die Hufe der Pferde beschlagen. Dieser Raum ist während der Arbeit am Pferd bis auf einen Durchgang zur Schmiedewerkstatt möglichst allseitig geschlossen zu halten. Die Wände können zur Schalldämmung mit Gummimatten beklebt sein. Eine Wand ist mit Ringen versehen, an denen 1 m lange Perlon- oder Hanfstricke mit einem Panikhaken befestigt sind. Zum Anbinden der Pferde befinden sich an den anderen Enden der Stricke Karabinerhaken. Das Pferd sollte immer an einem Halfter, niemals an der Trense festgebunden werden. Die Beschlagbrücke ist nicht unterkellert (Schalldämpfung). Der ebene Fußboden besteht zweckmäßigerweise aus Beton. Dieser Fußboden ist gut zu säubern und zu desinfizieren. Er wird bei Nässe nicht so glatt wie der Fußboden aus Eichenholzwürfeln. Verletzungen der Gliedmaßen und Hufe wurden auf Betonfußboden nicht beobachtet. Die Beleuchtung der Beschlagbrücke muß optimal sein (Haftpflicht!). Dies kann man durch große Oberlichtfenster und Neonleuchten, die nicht zu niedrig an der Decke befestigt oder einen Meter über dem Fußboden hinter Gittern geschützt in die Wände eingelassen sind, erreichen. Zur Aufnahme der Beschlagwerkzeuge und Hufnägel gehören ein oder mehrere Beschlagstühle. Sie können durch feststellbare Rollen fahrbar sein. Zum Berunden des Tragerandes und zum Vernieten der Hufnägel werden die Hufe der Pferde auf einem Beschlagbock, einem dreibeinigen Eisenrohrgestell, abgesetzt. Die Höhe des Beschlagbockes sollte für Pferde 50 cm und für Ponys 35 cm nicht übersteigen.

»Feldschmiede«

Eine Feldschmiede ist mit denselben Großgeräten ausgestattet wie die stationäre Schmiede. Die kleinere, transportable Esse kann auf einen Rauchfang verzichten, da sie für das Arbeiten im Freien vorgesehen ist. Für die Luftzufuhr kann behelfsmäßig ein Fön oder umgebauter Staubsauger verwendet werden. Auch der Amboß ist in der transportablen Ausführung etwas kleiner und leichter. Handgeräte zur Bearbeitung der Hufeisen und zur Ausführung eines regelmäßigen und eines orthopädischen Hufbeschlages werden in geringer Anzahl mitgeführt. Die Arbeitsmöglichkeiten in einer Feldschmiede sind durch ungünstige Witterungsverhältnisse, einen schlecht beleuchteten Arbeitsplatz, Unruhe auf der Beschlagbrücke u.ä. eingeschränkt. Die Ausführung eines fehlerfreien Beschlags muß aber dennoch gewährleistet sein.

Hufeisen

Die Hufeisen werden von den Schmieden selbst angefertigt oder als Halbfabrikate und Fertigfabrikate für jeden Huf individuell ausgeschmiedet. Sie bestehen aus Schmiedeeisen. Dieses Eisen mit einem Kohlenstoffgehalt von 0,2 bis 0,5 % wird bei einer Temperatur von 800 bis 1200 Grad schmiedbar und läßt sich gut schweißen. Handgeschmiedete Hufeisen werden aus einem Eisenstab hergestellt. Die Länge des Stabes entspricht einer Summe, gemessen aus dem Abstand der Zehenspitze bis zur Trachtenwand, dem Abstand zwischen der weitesten Stelle des Hufes und der Breite des Eisenstabes. Die Wahl der Hufeisen erfolgt mit Rücksicht auf das Alter und das Gewicht des Pferdes, die Hufform, die Art der Dienstleistung und die Bodenbeschaffenheit.

An jedem Hufeisen unterscheidet man einen inneren und einen äußeren Schenkel (Abb. 18). Jeder Eisenschenkel besitzt einen äußeren und einen inneren Hufeisenrand mit einer oberen und unteren Kante. Die beiden Schenkel treffen sich am Zehenteil. Es folgen nach hinten der Seitenteil und die Schenkelenden. Die beiden Flächen sind die obere oder Huffläche mit der Tragefläche und die untere oder Bodenfläche. Die Tragefläche des Hufeisens ist eben und waagerecht. Kappen oder Aufzüge sind halbkreisförmige Eisenvorsprünge am äußeren Rand der Tragefläche. Man unterscheidet nach dem Sitz Zehen-, Seiten- und Endkappen. Sie befinden sich immer zwischen zwei Nagellöchern. Die Höhe der Kappe entspricht der Breite der Tragefläche des Hufeisens. Die Kappen verhindern das Verschieben der Hufeisen bei unregelmäßiger Gangart. Die Tragefläche kann bei Hufen mit empfindlichen, schwachen Sohlen nach innen abgedacht sein. Die Bodenfläche verläuft mit Ausnahme

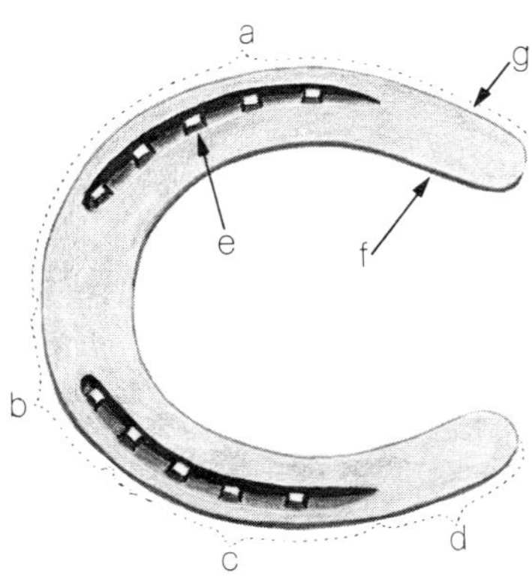

Abb. 18. Vorderhufeisen, Bodenfläche.

a) linker Hufeisenschenkel
b) Vorderteil rechts
c) Seitenteil rechts
d) Schenkelende rechts
e) Hufnagelkopfversenkung
f) innere Randfläche
g) äußere Randfläche

der Zehenrichtung ebenfalls waagerecht. Der äußere Rand des Hufeisens ist mäßig bodeneng geschmiedet, d.h. die äußere Kante der Bodenfläche wird enger gehalten als die der Huffläche. Hufeisen mit einer abgedachten Bodenfläche (Konkaveisen) werden bevorzugt bei Turnierpferden verwendet. Sie sind leichter als andere Hufeisen, verhindern das Greifen, und der Gegendruck des Erdbodens kommt besser zur Wirkung.

Man unterscheidet Falz- und Stempeleisen. Die Bodenfläche des Stempeleisens ist nur mit Nagellöchern, die des Falzeisens mit einem Falz und Nagellöchern ausgestattet.

Der Falz (Nagelfurche) ist eine auf der Bodenfläche des Hufeisens verlaufende Rinne. In dieser Rinne sitzen die Nagellöcher. Der Falz verringert das Gewicht des Eisens, gestattet ein problemloses Auswechseln der Hufnägel und stellt einen gewissen Gleitschutz dar. Er beginnt am Zehenteil, durchdringt zwei Drittel der Hufeisenstärke und läuft nach dem letzten Nagelloch langsam aus. Der Falz zeigt für die Nagellöcher die Richtung an und ist deshalb in seiner Tiefe abhängig von der Winkelung der Hornwand. Je nach der Neigung der Hornwand ist die äußere Falzfläche angeschrägt. Als Tiefe bezeichnet man die Entfernung vom äußeren Hufeisenrand. Ist die Hornwand sehr dick, liegt der Falz tief. Er ist so groß, daß die Nagellöcher darin Platz finden.

Die Nagellöcher werden in Form, Tiefe, Richtung, Zahl und Verteilung so angebracht, daß die Hornwand nicht unnötig zerstört, die Weichteile des Hufes nicht beeinträchtigt werden und der Hufmechanismus nicht mehr als unbedingt notwendig gemindert wird. Das Nagelloch ist trichterförmig und paßt sich dem Nagelkopf und der Nagelklinge an. Die Tiefe der Nagellöcher entspricht der absoluten Hornwandstärke. Der eingeschlagene Nagel trifft die Nagelleiste. Die Richtung der Nagellöcher wird durch die Stellung der Horn-

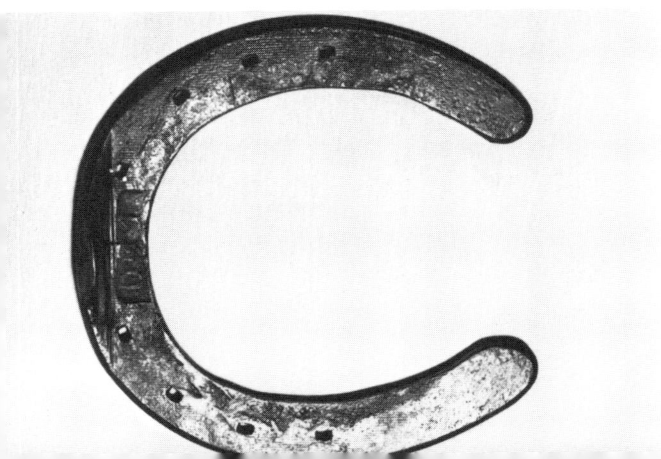

Abb. 19. Regelmäßiges Vordereisen mit Zehenkappe

wand bestimmt. Die Zehenlöcher zeigen nach innen, die Seitenlöcher gerade nach oben und die Trachtenlöcher gering nach außen. Die Anzahl der Nagellöcher richtet sich nach der Größe des Eisens und dem Dienstgebrauch der Pferde. Schwere, große Hufeisen werden mit sieben Nägeln befestigt, drei am Innen- und vier am Außenschenkel. Der äußere Hufeisenschenkel des Vordereisens wird einen Zentimeter über die Mitte und der innere Schenkel bis zur Mitte gelocht. An den Hinterhufeisen werden die Nagellöcher in den vorderen Dritteln der Schenkel verteilt. Die Form des Hufeisens entspricht der Form des Tragerandes unter Berücksichtigung besonderer Unterstützungsverhältnisse. Deshalb unterscheiden wir ein rechtes und ein linkes Vorderhufeisen mit einem runden Zehenteil und ein rechtes und linkes Hinterhufeisen mit einem spitzrunden Zehenteil (Abb. 19 und 20).

Die Hufeisenbreite entspricht der doppelten Wandstärke einschließlich der weißen Linie. Der Sohlenrand, der Trachtenwand-Sohlenwinkel und die Eckstreben werden von dem Eisen bedeckt. Die Art der Arbeit beeinflußt die Stärke (Dicke) des Hufeisens; sie beträgt bei schweren Zugpferden 15 mm, bei Wagenpferden 10 bis 12 mm, bei Reitpferden 8 bis 10 mm und bei Trabern und Galopprennpferden um 5 mm. Je stärker und schwerer das Hufeisen, desto mehr wird der Hornstrahl dem Gegendruck des Erdbodens entzogen.

Die Bodenbeschaffenheit beeinflußt die Hufeisenabnutzung. Auf steinigem Gebirgsboden z.B. nutzen sich die Hufeisen stark ab. Die Hufeisen sollen so stark (dick) sein, daß sie sich innerhalb der Beschlagsperiode gleichmäßig ablaufen. Die Weite des Hufeisens entspricht im Bereich des Zehen- und Seitenteiles der Form des Tragerandes. Der Trachtenteil schließt mit einer von der Krone gefällten Senkrechten ab und gibt dem Huf volle Unterstützung. Das Hufeisen ist zwischen den Schenkelenden so breit, daß sich der Strahl bei der Belastung voll entfalten kann (Strahlfreiheit).

Abb. 20. Regelmäßiges Hufeisen für den Hinterhuf mit Zehenkappe.

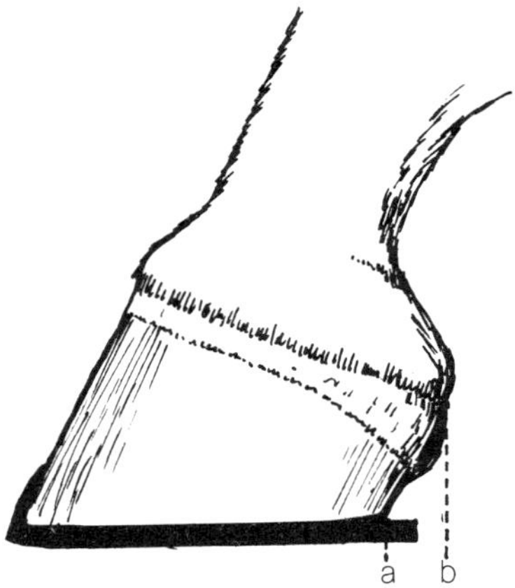

Abb. 21. Hufeisenlänge des regelmäßigen Beschlags: die Hälfte der Entfernung von a bis b.

Die Hufeisenlänge ist abhängig von der Dienstleistung des Pferdes. Allgemein wird die Länge der über den Huf vorstehenden Eisenschenkel wie folgt berechnet: Von den Ballen fällt man eine Senkrechte, die Hälfte der Entfernung vom Trachtentragerand zu dieser Senkrechten ergibt das gewünschte Maß (Abb. 21). Spring- und Galopprennpferde erhalten kürzere Hufeisen, die Schenkelenden schließen mit dem Trachtentragerand ab. Lange Hufeisen führen zu einer Mehrbelastung der vorderen Hufhälfte und kurze Eisen zu einer Verlagerung des Gewichtes auf die hinteren Teile des Hufes.

Hufnägel

Die Hufnägel dienen der Befestigung des Eisens am Huf. Hufeisen werden so am Huf angebracht, daß sie in einer Beschlagsperiode von 4 bis 6 Wochen bei den vorhandenen Bodenverhältnissen in allen Gangarten fest haften. Die Hufnägel bestehen aus weichem Stahl. Sie dürfen nach zweimaligem Hin- und Herbiegen in einem Winkel von 180 Grad nicht ermüden und nicht brechen (Nagelprobe).

An dem Hufnagel unterscheidet man den Kopf, die Klinge und die Spitze mit Zwicke (Abb. 22). Der rechteckige, pyramidenförmige Kopf ist mit einer Erhöhung, dem Aufsatz, ausgestattet. Er füllt das Nagelgesenke vollkommen aus und steht 2 bis 3 mm über der Bodenfläche des Hufeisens vor. Die abgeschrägten Seitenflächen des Nagelkopfes gehen in die rechteckige Klinge über. Diese ist doppelt so breit wie dick und gering nach außen durchgerichtet. Die Innenkanten der Klinge sind gebrochen. Im letzten Drittel der Länge des Nagels verjüngt sich die Klinge und geht in die Spitze über. An der halben Länge der Spitze befindet sich an der Innenfläche eine einseitige Abschrägung, die Zwicke. Die Länge der Zwicke entscheidet darüber, wann der eingeschlagene Hufnagel aus der Hornwand heraustritt. Eine kurze Zwicke ermöglicht ein kurzes Nageln, der Nagel tritt bald aus der Hornwand aus. Die gebräuchlichsten Hufnägel sind 50, 55, 60, 65, 70 oder 75 mm lang. Bei einem Hufnagel von 60 mm Länge ist der Kopf 8,7 mm, der Aufsatz 2,3 mm, die Klinge 35 mm und die Spitze 15 mm lang. Arbeitet der Schmied mit sichtbar veränderten, fehlerhaften Hufnägeln, handelt er fahrlässig und hat es haftpflichtig zu verantworten.

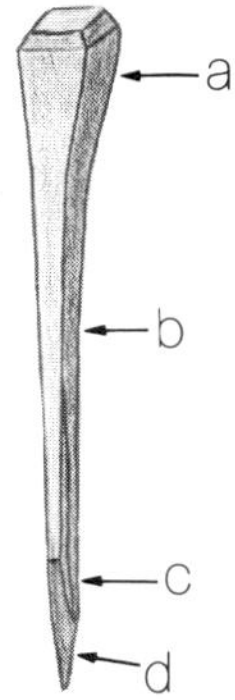

Abb. 22. Hufnagel
a) Kopf
b) Klinge
c) Spitze
d) Zwicke

Beurteilung des Pferdes im Stand vor dem Beschlag

Mit der Annahme eines Pferdes zum Beschlag geht der Schmied einen Vertrag ein, der nach den §§ 631, 633 und 635 BGB geregelt ist. Der Schmied verpflichtet sich, den Hufbeschlag korrekt und fehlerfrei auszuführen und dem Pferd keinen Schaden zuzufügen. Der Ausführung des Hufbeschlages geht eine Besprechung mit dem Besitzer oder Halter des Pferdes voraus. Es wird erhoben, wie lange die alten Hufeisen liegen, ob nachgeheftet wurde, zu welchen Arbeiten das Pferd herangezogen wird, welche Bodenverhältnisse vorhanden sind und ob das Tier an einer Huf- oder Gliedmaßenerkrankung leidet. Der zweckmäßige Beschlag wird dann vom Schmied empfohlen.

Gliedmaßenstellungen

Von Interesse ist zunächst die Stellung der Gliedmaßen zum Körper des Pferdes, ihre Stellung zueinander und die Winkelung ihrer Gelenke. Aus der Verschiedenheit der Gliedmaßenstellungen ergibt sich die Art des Ganges, die Eigentümlichkeit des Fußes und die unterschiedliche Belastung der Hufe. Neben den regelmäßigen und unregelmäßigen Gliedmaßenstellungen und ihren zugehörigen Hufen gibt es Übergangsformen mit den entsprechenden Umformungshufen. Die unregelmäßigen Gliedmaßenstellungen können angeboren oder durch Dienstleistungen und Gliedmaßenerkrankungen erworben sein. Vorbiegige und rückbiegige Gliedmaßenstellungen werden bei neugeborenen Fohlen öfter beobachtet und haben ihre Ursachen in einem disharmonischen Wachstum der Streck- und Beugesehnen während der fötalen Entwicklung. Die vor- und rückständige, bodenenge und bodenweite sowie zehenenge und zehenweite Gliedmaßenstellung tritt dagegen allmählich auf und wird verursacht durch Aufzuchtfehler, wie langes Stehen in engen Stallungen.

Die Gliedmaßenstellungen können, ebenso wie die Stellungen des Hufes

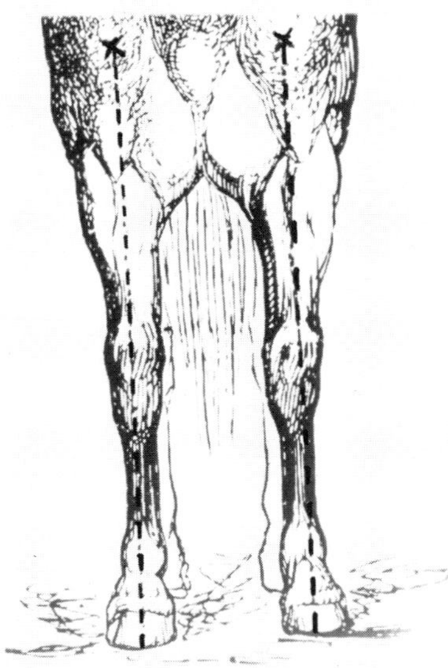

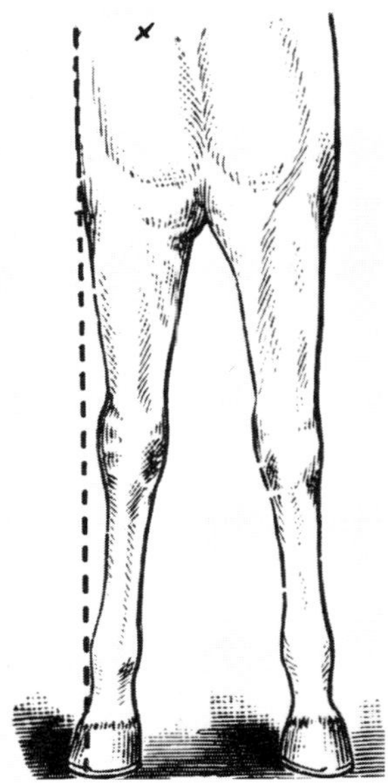

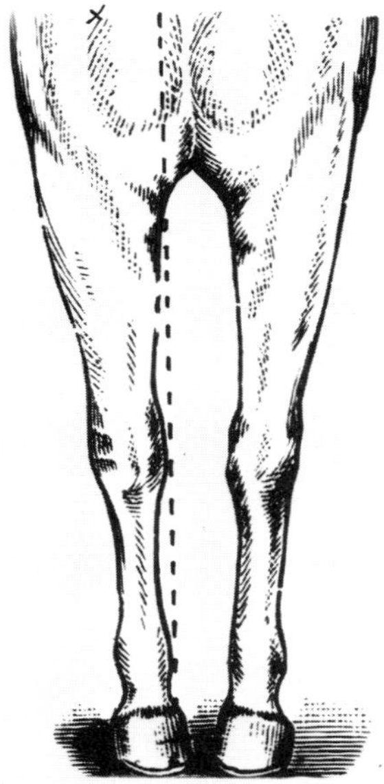

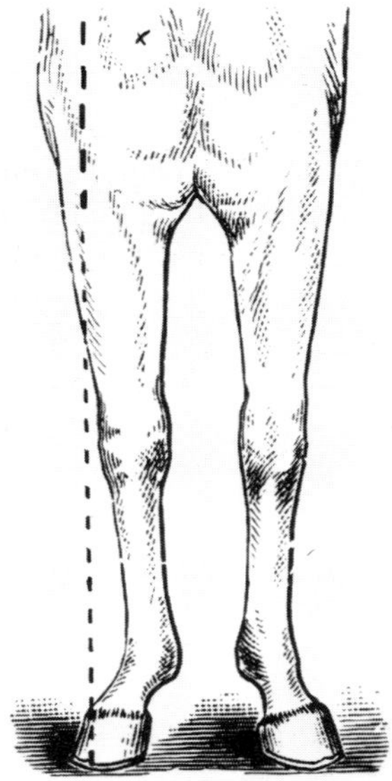

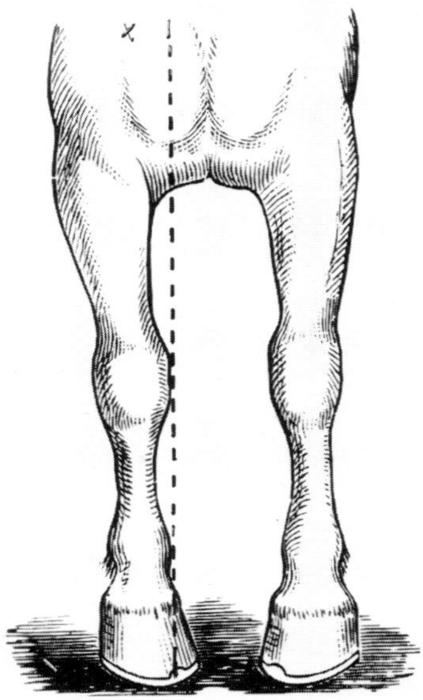

Abb. 23 (links außen). Stellung der Vordergliedmaßen von vorn gesehen: regelmäßige Gliedmaßenstellung.

Abb. 24 (links). Stellung der Vordergliedmaßen von vorn gesehen: bodenweite Gliedmaßenstellung.

Abb. 25 (oben links). Stellung der Vordergliedmaßen von vorn gesehen: bodenenge Gliedmaßenstellung.

Abb. 26 (oben rechts). Stellung der Vordergliedmaßen von vorn gesehen: zehenweite Gliedmaßenstellung.

Abb. 27 (rechts). Stellung der Vordergliedmaßen von vorn gesehen: zehenenge Gliedmaßenstellung.

zum Fesselstand und die Hufformen, durch die Hufzubereitung, den Hufbeschlag, eine optimale Haltung und Fütterung, durch operative Eingriffe und durch die Belastung der Gliedmaßen in der Bewegung korrigiert werden. Positive Ergebnisse dieser Korrekturen sind bei jungen, nicht ausgewachsenen Pferden, also bei Pferden bis zu vier Jahren, zu erwarten.

Betrachtet man die Vordergliedmaße von vorn, dann stehen die Gliedmaßen regelmäßig, wenn eine Senkrechte, auf der Mitte der Zehenwand errichtet, das Schultergelenk trifft und dabei die Knochensäule halbiert (Abb. 23). Verlaufen die Vordergliedmaßen gestreckt von oben schräg nach unten außen, und die auf der Mitte der Zehenwand errichtete Senkrechte läuft außen am Schultergelenk vorbei, liegt die bodenweite Gliedmaßenstellung vor (Abb. 24). Bei der bodenengen Gliedmaßenstellung (Abb. 25) verlaufen die Extremitäten schräg von oben nach unten innen, die auf der Zehenwand errichtete Senkrechte trifft innerhalb der Schultergelenke auf. Verlaufen die Gliedmaßen vom Schultergelenk zum Vorderfußwurzelgelenk senkrecht mit einer Brechung der Gliedmaßenachse von da ab nach außen (Varusdeformierung), liegt eine x-beinige Gliedmaßenstellung vor. Das gleiche gilt bei einem Verlauf der Gliedmaßen vom Schultergelenk bis zum Vorderfußwurzelgelenk nach innen und ab Vorderfußwurzelgelenk nach außen. Verläuft die Vordergliedmaße bis zum Vorderfußwurzelgelenk senkrecht mit einer Achsenbrechung im Vorderfußwurzelgelenk nach innen, spricht man von einer Valgusstellung. Ist der Abstand der Vorderfußwurzelgelenke größer als der der Schulter- und Fesselgelenke zueinander, das heißt, die Gliedmaßen verlaufen vom Schulter- bis zum Fesselgelenk nach außen und dann nach innen, bezeichnet man dies als o-beinige Gliedmaßenstellung. Liegt eine abnorme Winkelung im Fesselgelenk vor, unterscheiden wir folgende unregelmäßige Gliedmaßenstellungen:

- die zehenweite Gliedmaßenstellung (Abb. 26); die Gliedmaße verläuft senkrecht bis zum Fesselgelenk und dann nach außen abgewinkelt weiter, die Senkrechte läuft außerhalb am Schultergelenk vorbei,
- die zehenenge Gliedmaßenstellung (Abb. 27); die Gliedmaße verläuft senkrecht bis zum Fesselgelenk und biegt dann nach innen ab, die Senkrechte verläuft innen am Schultergelenk vorbei,
- die bodenweite-zehenenge Gliedmaßenstellung; die Gliedmaßen verlaufen gestreckt bis zum Fesselgelenk schräg nach außen und von hier aus nach innen,
- die bodenenge-zehenweite Gliedmaßenstellung; die Gliedmaßen verlau-

Abb. 28. Regelmäßige Stellung der Gliedmaßen von der Seite gesehen.

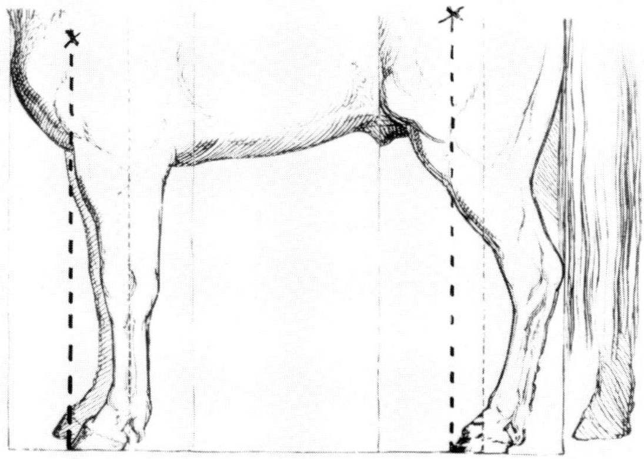

Abb. 29. Stellung der Vordergliedmaßen von der Seite gesehen: links vorständige, in der Mitte vorbiegige und rechts spitzgewinkelte Gliedmaßenstellung.

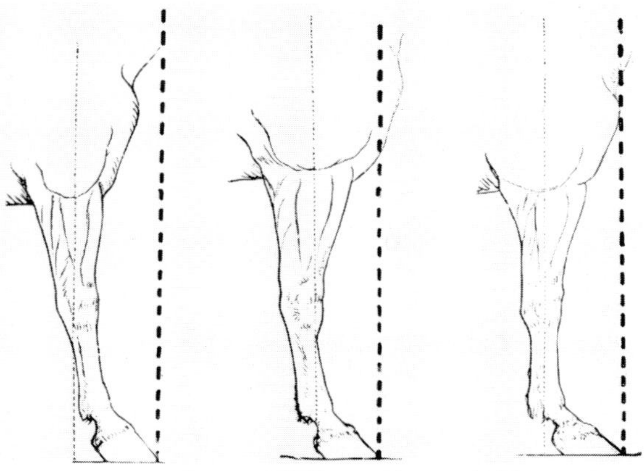

Abb. 30. Stellung der Vordergliedmaßen von der Seite gesehen: links rückständige, rechts rückbiegige Gliedmaßenstellung.

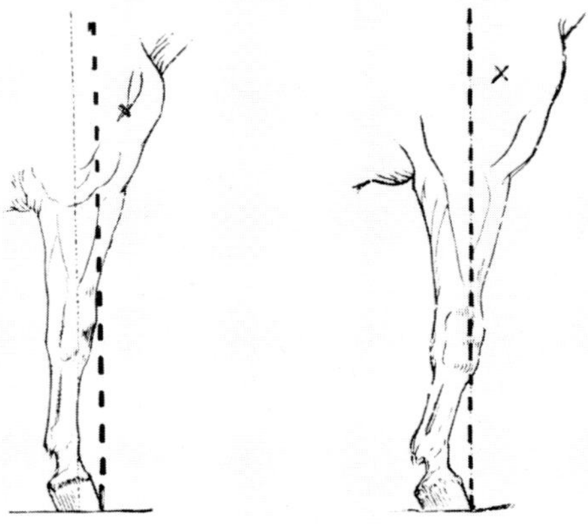

fen schräg nach innen bis zum Fesselgelenk gestreckt, hier liegt eine Winkelung nach außen vor.

Ist die Zehe der zehenweiten Gliedmaßenstellung zusätzlich nach außen gedreht, spricht man von der »französischen Stellung«. Diese Stellung ist bei Springpferden erwünscht, denn die Hufe legen sich beim Sprung über ein Hindernis an die seitliche Brustwand an. Die zehenenge Gliedmaßenstellung, verbunden mit einer Drehung des Hufes nach innen, nennt man »Zehentreterstellung«.

Betrachtet man das Pferd von der Seite, ist die Stellung der Vordergliedmaßen regelmäßig, wenn eine ebenfalls auf der Mitte der Zehenwand errichtete Senkrechte das Schultergelenk trifft und die Knochenachse vom Schultergelenk bis zum Fesselgelenk halbiert (Abb. 28). Die Fessellinie verläuft in einem Winkel von 45 bis 50 Grad zum Erdboden. Ist dieser Winkel kleiner, liegt eine spitzgewinkelte, ist er größer, eine stumpfgewinkelte Gliedmaßenstellung vor. Verläuft das Vorderbein bis zum Fesselgelenk gestreckt und schräg nach vorn und die Fessellinie ist spitz gewinkelt, steht das Pferd vorständig (Abb. 29). Die Senkrechte trifft vor dem Schultergelenk auf. Das Pferd steht rückständig (Abb. 30), wenn das Vorderbein schräg nach hinten bis zum Fesselkopf gestreckt gehalten wird, verbunden mit einer stumpfen Winkelung der Fessellinie. Die auf der Zehenwand errichtete Senkrechte gelangt hinter das Schultergelenk. Liegt eine Winkelung des Vorderfußwurzelgelenkes nach

Abb. 31. Stellung der Hintergliedmaßen von hinten gesehen: links regelmäßige, in der Mitte bodenenge (O-beinige) und rechts bodenweite (kuhhessige) Gliedmaßenstellung.

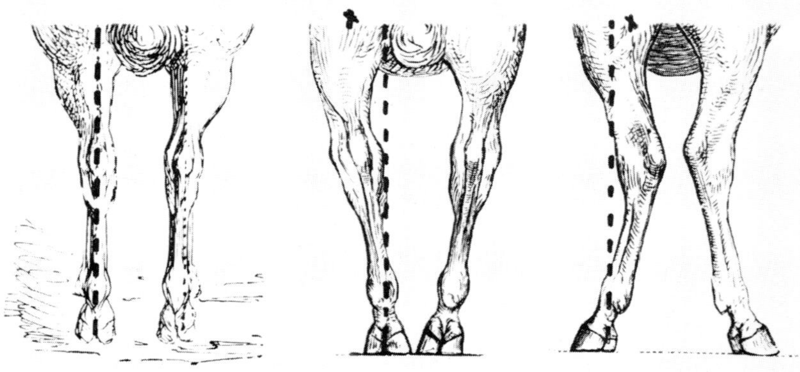

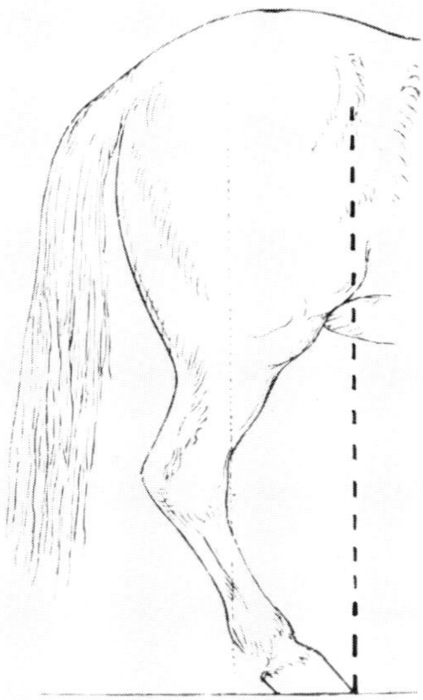

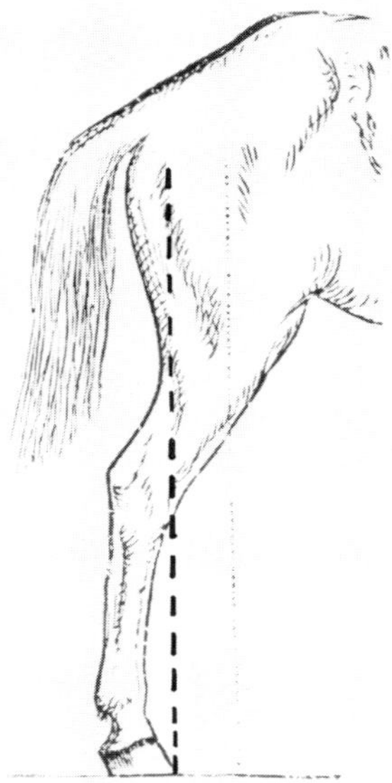

Abb. 32 (links). Stellung der Hintergliedmaßen von der Seite gesehen: säbelbeinige Gliedmaßenstellung.

Abb. 33 (rechts). Stellung der Hintergliedmaßen von der Seite gesehen: rückständige Gliedmaßenstellung.

hinten vor und die Fessellinie ist spitz gewinkelt, trifft die Senkrechte vor dem Schultergelenk auf. Die Gliedmaße steht vorbiegig (Abb. 29) (knierückbiegig oder hammelbeinig). Eine rückbiegige (knievorbiegige, bockbeinige) Gliedmaßenstellung (Abb. 30) liegt vor, wenn das Vorderfußwurzelgelenk nach vorn abgewinkelt ist, die Zehenachse eine stumpfe Winkelung zeigt und die Senkrechte hinter dem Schultergelenk auftrifft. Verlaufen das Fesselbein und das Kronbein fast parallel zum Erdboden und steht das Hufbein sehr steil, spricht man von der bärentatzigen oder bärenfüßigen Stellung.

Wird das Pferd von hinten beurteilt, liegt eine regelmäßige Gliedmaßenstellung dann vor, wenn eine Senkrechte, auf der Ballengrube errichtet, den Sitzbeinhöcker tangiert und die Knochenachse halbiert (Abb. 31). Bei der Betrachtung von der Seite trifft die auf der Trachtenecke errichtete Senkrechte das Hüftgelenk (Abb.28). Die unregelmäßigen Gliedmaßenstellungen der Hinterextremitäten verhalten sich wie die der Vordergliedmaßen. O- und X-beinige Stellungen kommen hinten häufiger vor (Abb. 31). Eine X-beinige Stellung mit gleichzeitiger Drehung des Beines nach außen wird als kuhhessig bezeichnet (Abb. 31). Ist der Sprunggelenkswinkel verkleinert und die Hintergliedmaße wird schräg und weit unter den Körper gestellt, liegt eine vorbiegige oder säbelbeinige Stellung vor (Abb. 32). Bei der rückbiegigen Gliedmaßenstellung ist der Sprunggelenkswinkel vergrößert, die Hintergliedmaße steht steil (Abb. 33).

Stellung des Hufes zum Fesselstand

Die Stellung des Hufes zum Fesselstand ist neben der Gliedmaßenstellung ein wichtiges Kriterium der Beurteilung des Pferdes für den Hufbeschlag. Der Huf paßt zum Fesselstand, wenn, von der Seite betrachtet, die Fessellinie (eine gedachte Hilfslinie, die die Knochensäule der Zehe halbiert) mit der Vorder- und Trachtenwand eines regelmäßigen Hufes parallel verläuft (Abb. 34). Weicht die Fessellinie nach vorn ab, weil die Vorder- oder Trachtenwand schräger verläuft, ist der Huf zu spitz. Verlaufen die Vorder- und Trachtenwand des Hufes steiler, wird die Fessellinie nach hinten abgewinkelt. Der Huf ist zu stumpf. Von vorn (Vordergliedmaße) oder von hinten (Hintergliedmaße) beurteilt, paßt der Huf zum Fesselstand, wenn die Fessellinie auf die Mitte der Zehenwand trifft oder in die Mitte der Ballengrube fällt und die Knochensäule und den regelmäßigen Huf halbiert (Abb. 35). Weicht die Zehenachse nach außen ab, ist die äußere Hufhälfte zu hoch oder die innere zu niedrig. Ist die Zehenachse nach innen abgewinkelt, verhält sich der Huf

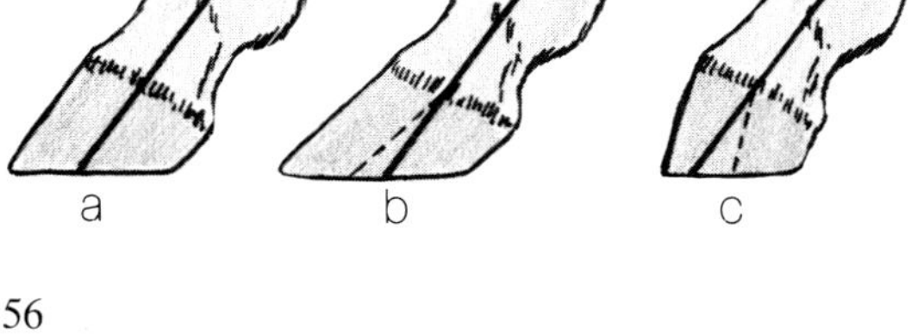

Abb. 34. Stellung des Hufes zum Fesselstand

a) passend
b) zu spitz
c) zu stumpf

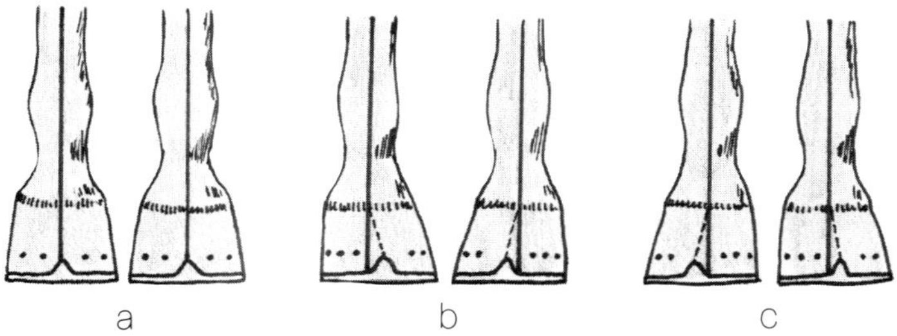

Abb. 35. Stellung der Hufes zum Fesselstand von vorn gesehen

a) passend b) Huf nach innen abgeknickt c) Huf nach außen abgeknickt

umgekehrt. Die niedere Hufwand wird in der Stützphase zu stark belastet, und die höhere Wand wird beim Fußen zu stark geprellt. Ist die Zehenachse mit einer einfachen Abweichung der Zehe in transversaler, seitlicher Richtung gebrochen, nennt man es Verschiebungsbrechung. Abweichungen, die mit einer Drehung um die Zehenachse verbunden sind, werden Rotationsbrechungen genannt. Bei der Drehung des Hufes nach innen können die innere Vorderwand oder die äußere Trachtenwand oder beide zu hoch sein (diagonaler Huf). Die Zehenachse wird von vorn betrachtet zur inneren Vorderwand oder von hinten gesehen zur äußeren Trachtenwand hin abgewinkelt. Verschiebungs- und Rotationsbrechungen kommen vor als

- einfache Abweichungen, Brechungen in einem Gelenk,
- mehrfache Abweichungen, Brechungen in mehreren Gelenken und als
- kombinierte Abweichungen, Brechungen mit einer Winkelung nach verschiedenen Richtungen.

Eine Folge der unregelmäßigen Gliedmaßenstellungen sind halbeng-halbweite Hufe, krumme und diagonale Hufe. Durch die Achsenbrechung in den Zehengelenken wird kompensatorisch ein planes Fußen ermöglicht.

Hufformen

Die Form der Hufe ist neben den erblichen Dispositionen (Größe, Gewicht, Rasse) abhängig von der Bodenbeschaffenheit, der Gliedmaßenstellung und der Stellung des Hufes zum Fesselstand. Ändert sich der Boden, die Gliedmaßenstellung oder der Verlauf der Zehenachse, stellt sich der Huf langsam auf diese Verhältnisse ein, es entsteht ein Umformungshuf. Der *regelmäßige Vorderhuf* besitzt an seiner Zehenwand einen kreisrunden Tragerand. Die Zehenwand steht zum Erdboden in einem Winkel von 45 bis 50 Grad. Die äußere Wand steht schräger als die innere; der Tragerand beschreibt hier einen etwas größeren Bogen. Nach den Trachten hin wird die Winkelung der Wände stumpfer und erreicht hinter der weitesten Stelle 90 Grad. Die weiteste Stelle liegt hinter der Mitte des Hufes. Der Huf ist am Tragerand 2 bis 3 cm weiter als am Kronrand. Die Zehenwand ist dreimal so lang wie die Trachtenwand. Die Sohle ist mäßig gewölbt und dünner als am Hinterhuf. Die Hornwandstärke von Zehen-, Seiten- und Trachtenwand verhält sich wie 4 : 3 : 2.

Der Tragerand der Zehenwand des *regelmäßigen Hinterhufes* ist länglich, spitz-rund. Die Zehenwand steht in einem Winkel von 50 bis 55 Grad zum Erdboden. Sie ist zweimal so lang wie die Trachtenwand. Der Tragerand besitzt seine größte Weite am Übergang in das letzte Drittel. Er ist 2 cm weiter als der Kronrand. Die Trachten stehen weiter auseinander als am Vorderhuf. Die Sohle am Hinterhuf ist stark gewölbt; sie ist dadurch dicker als am Vorderhuf. Die Hornwandstärke von Zehen-, Seiten- und Trachtenwand steht in einem Verhältnis von 3 : 2,5 : 2.

Der weite Huf ist niedriger als der regelmäßige. Sein Tragerand ist durch die schräge Stellung der Hornwände mehr als 3 cm weiter als der Kronrand; er ist kreisrund. Das Wandhorn ist dick, grobfaserig, mit einem hohen Anteil an Zwischenhorn. Die Sohle ist nur wenig gewölbt, das Sohlenhorn dünn, der Strahl aber breit und kräftig entwickelt. Der weite Huf kommt vornehmlich bei schweren Pferden an den Vordergliedmaßen vor. Diese Hufform gibt Anlaß zur Ausbildung von spitzen Hufen, Flachhufen und zur Entstehung einer losen Wand.

Der enge Huf ist höher als der regelmäßige, seine Seitenwände stehen steiler. Der Tragerand ist länglich-rund und nur um 1 cm weiter als der Kronrand. Die Sohle ist stark gewölbt und dick, der Strahl verhältnismäßig schwach entwickelt. Das Wandhorn besitzt wenig Zwischenhorn, es ist zäh und fest. Der enge Huf nimmt häufig eine stumpfe Form an. Er wird verursacht durch ein zu starkes Niederschneiden der Trachten, kurze Hufeisen und eine versäumte Beschlagerneuerung.

Der spitze Huf zeichnet sich durch eine zu lange Zehe und zu niedrige Trachten aus. Das Längenverhältnis der Zehenwand zur Trachtenwand ist größer als 3 : 1. Der Zehenwand-Tragerand-Winkel ist an den Vordergliedmaßen kleiner als 45 Grad und an den Hintergliedmaßen kleiner als 50 Grad. Der spitze Huf gehört zu der spitzgewinkelten, vorständigen und vorbiegigen Gliedmaßenstellung.

Der stumpfe Huf besitzt eine steiler gestellte Zehenwand als der regelmäßige Huf. Der Zehenwand-Tragerand-Winkel beträgt an den Vorderhufen über 50 und an den Hinterhufen über 55 Grad. Die Zehe ist kurz und die Trachten im Verhältnis zu hoch. Die Sohle ist stark gewölbt. Der stumpfe Huf paßt zu der regelmäßig stumpfgewinkelten, rückständigen und rückbiegigen Gliedmaßenstellung. Bildet die Zehenwand mit dem Tragerand einen Winkel über 60 Grad, liegt ein Bockhuf vor. Der Kronrand verläuft hier annähernd horizontal, Zehenwand und Trachtenwände sind fast gleich hoch. Zwischen den hohen Trachtenwänden ist der Strahl nur schwach ausgebildet. Der stumpfe Huf entwickelt sich durch die Abschwungsreibung des Zehentragerandes barfußgehender Pferde, besonders der Fohlen auf harten Weiden, durch zu starkes Kürzen der Zehenwand, Stehenlassen der Trachten, fehlerhaften Beschlag und durch jene krankhaften Zustände an den Gliedmaßen, die ein Durchtreten im Fesselgelenk auf längere Zeit verhindern, wie z.B. Beugesehnenentzündungen, Spat, Schale.

Ungleiche Belastungsverhältnisse führen zur Entwicklung des *halbeng-halbweiten Hufes* (Schiefhuf, asymmetrischer Huf). Die weite Hufhälfte ist zu gering und die enge Hufhälfte überbelastet. Man unterscheidet die bodenengen und bodenweiten sowie den zehenengen und zehenweiten Schiefhuf. Die äußere Wand des bodenweiten Hufes steht sehr schräg und ist länger als die innere und steilere Wand. Die äußere Hufhälfte ist größer als die innere. Die größte Krümmung liegt am Übergang der Seiten- zur Trachtenwand. Der halbeng-halbweite Huf gehört zur bodenweiten, zehenweiten, X-beinigen, bodenengen, zehenengen und O-beinigen Gliedmaßenstellung.

Der krumme Huf zeichnet sich dadurch aus, daß seine Seitenwände nicht gestreckt, sondern verbogen laufen. Ist die eine Wand konvex verbogen (in der Mitte vorgewölbt), verläuft die gegenüberliegende Wand konkav (in der Wandmitte eingezogen). Die Wandverbiegungen gehen beim Fohlen meist vom Tragerand aus. Der Fohlenhuf kann dabei eine spiralige Form annehmen. Die konvexe Seite rollt sich um und verdeckt teilweise den Strahl. Bei beschlagenen Hufen gehen die Deformationen von der Krone aus und sind nicht so deutlich ausgeprägt. Unregelmäßige Gliedmaßenstellungen können den krummen Huf verursachen. Liegt die konvexe Seite innen, gehört der Huf zur bodenweiten oder zehenweiten Gliedmaßenstellung, liegt sie außen,

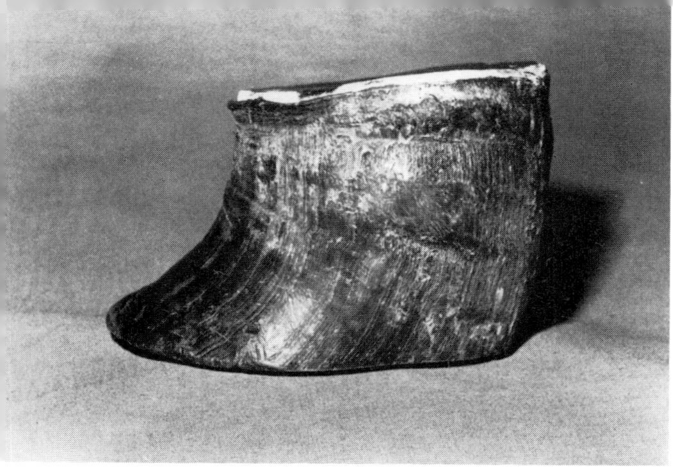

Abb. 36. Umformungshuf – Übergang einer regelmäßigen in eine stumpfe Hufform. Die untere Hälfte der Zehenwand zeigt eine schräge, die obere eine steile Stellung.

gehört er zur bodenengen oder zehenengen Gliedmaßenstellung. Weitere Ursachen sind fehlerhafte Hufzubereitung und fehlerhafter Beschlag. Läßt man eine Seitenwand zu hoch stehen, wölbt sich diese Wandfläche vor. Enge, an den Seitenwänden eingezogene Hufeisen führen zur Ausbildung eines krummen Hufes. Auch verlängerte Beschlagsperioden können die Ursache sein. Zerrungen der Zehengelenkkapsel und chronisch-deformierende Entzündungen der Zehengelenke sind die Folge des krummen Hufes.

Diagonal gegenüberliegende Wandabschnitte sind beim *diagonalen Huf* gleich ausgebildet. Er paßt zur zehenweiten oder zehenengen Gliedmaßenstellung, kombiniert mit einer Rotationsbrechung. Bei der französischen Gliedmaßenstellung beschreiben der Tragerand an der inneren Zehenwand und der Tragerand der äußeren Trachtenwand einen weiten Bogen. Die Zehenwand zeigt dabei nach außen. Die Körperlast, die sich bis zum Fesselgelenk gleichmäßig auf die Gliedmaßensäule verteilt, wird nun auf die Trachtenwände verlagert. Diese stellen sich steil und führen zur Deformation des Hufes.

Im Gegensatz zum krummen Huf ändern sich am *Umformungshuf* (Abb. 36) die Zehen- und die Trachtenwand. An der Zehenwand entsteht eine konkave und an der Trachtenwand eine konvexe Verbiegung. Das von der Krone ausgehende Wachstum der Haupt- oder Schutzschicht ändert mit abgewinkelter Zehenachse seine Richtung. Wird der Fesselstand steiler, entstehen die erwähnten Wandveränderungen des Umformungshufes. Im Laufe der Zeit entsteht ein stumpfer Huf.

Beurteilung des Pferdes in Bewegung vor dem Beschlag

Nach der Beurteilung des Pferdes im Stand wird es auf dem harten und weichen Boden im Schritt und Trab vorgeführt und beurteilt. Die Bewegung des Pferdes besteht dabei in einer bestimmten koordinierten Schwerpunktverschiebung nach vorn. Durch die aktive Vorwärtsbewegung der Hintergliedmaßen wird der Schwerpunkt nach vorn verlagert und passiv von den Vordergliedmaßen aufgefangen. Die Bewegungsphasen der Gliedmaße, das Heben, Schwingen, Stützen und Stemmen, werden an dem Pferdehuf wie folgt ausgeführt:

- Abrollen über den vorderen Tragerand; die Trachten heben sich, der Zehentragerand wird über den Erdboden gezogen (Abschwungsreibung),
- Vorwärtsschwingen der Gliedmaße,
- Fußen mit gleitender Reibung; der Tragerand wird gleichmäßig aufgesetzt und abgerieben (Fußungsreibung),
- Belastung und Durchtreten.

Der Huf wird im Schritt in Höhe des Kronenrandes und im Trab in Höhe des Fesselkopfes vorwärts geführt. Die Hangbeinphase reicht vom Beginn des Abrollens bis zum Ende des Vorwärtsschwingens; die Stützphase schließt das Fußen und Belasten ein. Der Schritt ist die langsamste Gangart des Pferdes. Es ist ein Abfußen in diagonaler Reihenfolge im Viertakt. Wird das rechte Vorderbein abgeschwungen, folgen das linke Hinterbein, das linke Vorderbein und das rechte Hinterbein. Man unterscheidet den versammelten Schritt, den Mittelschritt und den starken Schritt. Zur Beurteilung für den Hufbeschlag läßt man das Pferd in einem selbstgewählten Schrittempo gehen. Die schwingende Gliedmaße der regelmäßigen Gliedmaßenstellung beschreibt, von der Seite betrachtet, einen gleichmäßigen Bogen (Abb. 37a). Spitzgewinkelte Hufe mit ihren entsprechenden Gliedmaßenstellungen beschreiben einen flach beginnenden Bogen, der weit nach vorn geführt wird (Abb. 37b). Stumpfe Hufe mit den dazugehörenden Gliedmaßenstellungen führen einen hohen, kurzen Bogen aus; diese Hufform erleichtert das Abschwingen (Abb. 37c). Von vorn beurteilt werden die Gliedmaßen der regelmäßigen Stellung in einer geraden Linie vorwärtsgeführt (Abb. 38a). Die Gliedmaßen

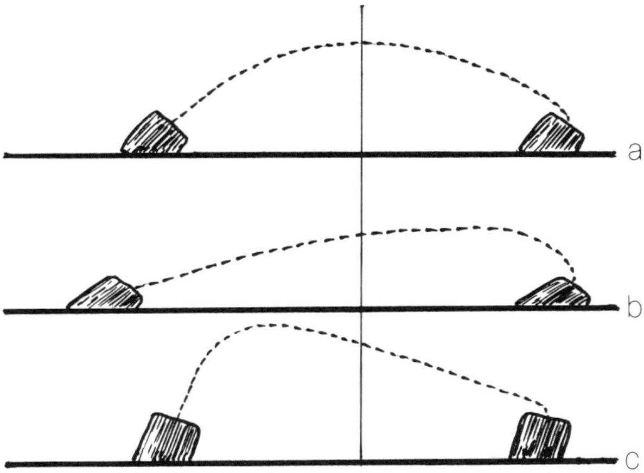

Abb. 37. Gliedmaßenführung von der Seite gesehen

a) regelmäßige Stellung
b) vorständige oder vorbiegige Stellung
c) rückständige oder rückbiegige Stellung

der boden- und zehenweiten Stellung beschreiben einen Bogen gegen den stützenden Fuß (Abb. 38b) und die der boden- und zehenengen Gliedmaßenstellung einen Bogen um den stützenden Fuß (Abb. 38c). Zur Beurteilung einer unregelmäßigen oder fehlerhaften Gangart läßt man das Pferd im Trab gehen. Hier werden die diagonalen Gliedmaßen gleichzeitig bewegt. Befinden sich die rechte Vordergliedmaße und die linke Hintergliedmaße in der Hangbeinphase, wird die Körperlast von der linken Vorder- und der rechten Hinterextremität abgestützt.

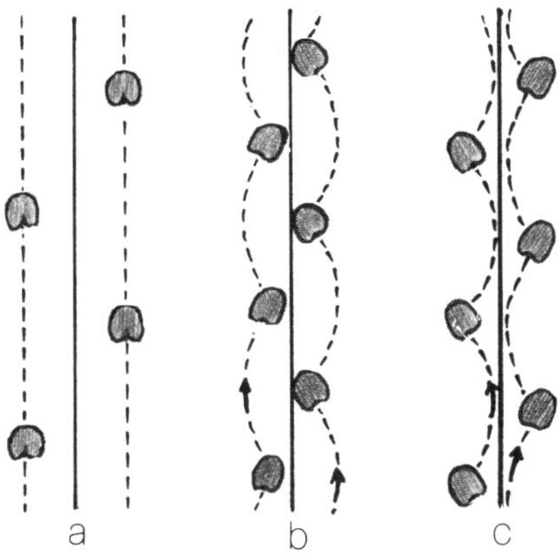

Abb. 38. Gliedmaßenführung von oben gesehen

a) bei regelmäßiger Gliedmaßenstellung
b) bei bodenenger oder O-beiniger Gliedmaßenstellung
c) bei bodenweiter oder X-beiniger Gliedmaßenstellung

Ausführung des Hufbeschlages

Vorbereitung des Pferdes zur Ausführung des Beschlages

Zur Ausführung des Beschlages wird das Pferd auf die Beschlagbrücke gestellt. Der Besitzer ist verpflichtet, Untugenden seines Pferdes anzuzeigen. Ein Pferd ist schmiedefromm, wenn es allein auf der Beschlagbrücke steht und die zum Beschlag notwendigen Verrichtungen vom Aufhalter und dem Hufschmied ohne Zwangsmittel durchgeführt werden können. Junge, scheue und schreckhafte Pferde sind geduldig und in Ruhe zu behandeln. Sie müssen langsam an die Arbeit des Schmiedes, die fremde Umgebung und Geräusche gewöhnt werden. Temperamentvolle Pferde sollten nach der Arbeit zum Beschlag gebracht werden. Man kann sie, ebenso wie bösartige und widersetzliche Pferde, gefügig und ruhig machen, indem man sie in weichem, tiefem Boden einige hundert Meter rückwärts gehen läßt. Bevor man Gewalt anwendet, sollte ein Dritter das Pferd an der Trense festhalten und versuchen, es mit ruhigen Worten oder eintönigem Singen zu beruhigen. Unruhige Pferde werden nicht auf der Beschlagbrücke angebunden, sondern immer an der Trense gehalten. Fest angebunden versuchen diese Pferde nach hinten zu fliehen, zerstören das Halfter und fügen sich Verletzungen zu (Facialislähmungen, Wunden und Frakturen der Gliedmaßen). Von einer Fütterung des Pferdes während des Beschlages rate ich ab, da sich die Pferde in einer Schrecksituation verschlucken und Schlundverstopfungen auftreten können.

Bei dem Gebrauch von Zwangsmitteln sind die Vorschriften des Tierschutzgesetzes und die Gesundheit des Pferdes vordringlich zu beachten. Als einziges Zwangsmittel wird die Nasenbremse verwendet. Sie besteht aus einem Holzstab, an dessen einem Ende eine Strickschlaufe befestigt ist. Die Schlaufe des Strickes wird über die Oberlippe gezogen und in Richtung zum Pferd locker zusammengedreht. Wird die Nasenbremse zu lange angewendet, werden die abgedrehten Teile blutleer und unempfindlich. Die erforderliche Ablenkung kann durch laufendes Auf- und Zudrehen der Nasenbremse verlängert werden. Reicht dieses Zwangsmittel nicht aus, ist die medikamentelle Beruhigung des Tieres durch den Tierarzt angezeigt. Die nach ihren Charakteren unterschiedlichen Pferde werden individuell behandelt und betreut.

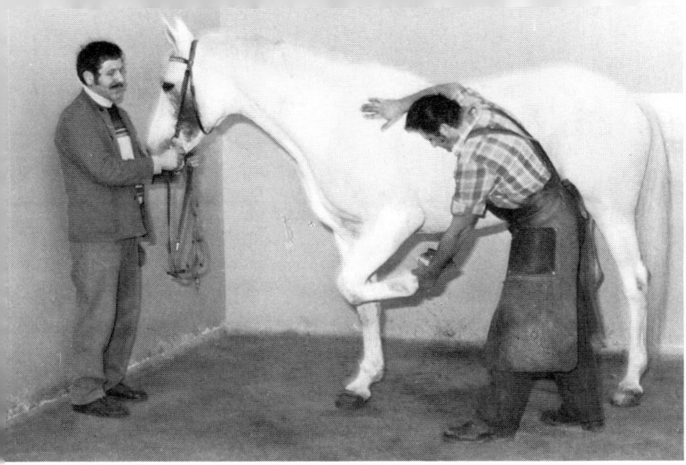

Abb. 39a. Aufhalten der linken Vordergliedmaße. Der Aufhalter steht hinter dem Bein, legt die rechte Hand auf die Schulter des Pferdes, streicht mit der linken am Bein entlang, umfaßt die Fessel und zieht das Bein nach hinten.

Zum Aufhalten der Gliedmaßen gehen wir ruhig aber energisch an das Pferd von der linken Seite heran und beruhigen es durch Ansprechen und Klopfen auf den Hals. Vor dem Aufheben einer Gliedmaße wird das Pferd so gestellt, daß es das Körpergewicht auf die restlichen drei Beine verlagert (Schwerpunktverlagerung). Zuerst wird das linke Vorderbein aufgehoben (Abb. 39a, b). Der Aufhalter stellt sich hinter dieses Bein. Er legt seine rechte Hand auf die Schulter des Pferdes. Mit der linken Hand umfaßt er die Fessel des linken Vorderbeines und zieht dieses nach hinten. Widerspenstige Pferde werden mit der Schulter des Aufhalters kurzzeitig unterstützt und das Gewicht des Pferdes wird auf die gegenüberliegende Gliedmaße verlagert. Nun umfaßt der Aufhalter mit beiden Händen die Fessel und zieht die Extremität nach oben. Der Aufhalter dreht sich, umfaßt die Fessel von vorn her und preßt das gebeugte Vorderfußwurzelgelenk gegen seinen linken, vorgestellten Oberschenkel. Dabei stellt er sein rechtes Bein nach hinten und außen.

Abb. 39b. Aufhalten der linken Vordergliedmaße. Grundstellung: Die linke Vordergliedmaße wird mit beiden Händen in der Fessel umfaßt. Sie ruht mit dem Vorderfußwurzelgelenk auf dem linken Oberschenkel des Aufhalters.

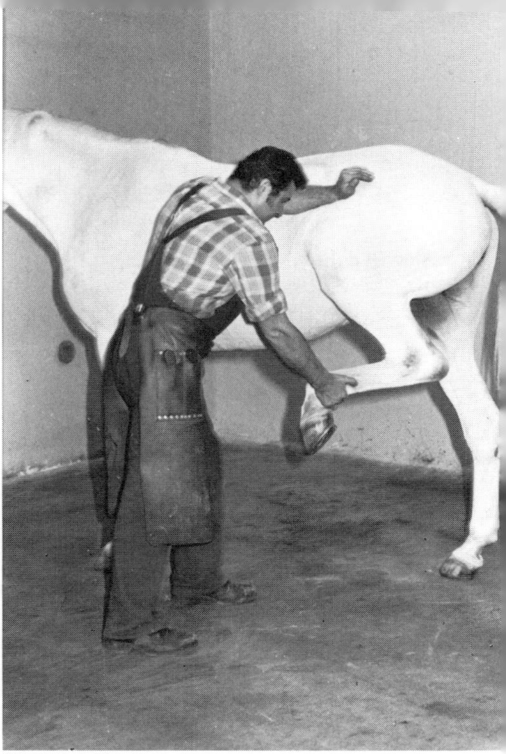

Abb. 40a (links oben). Aufhalten der linken Hintergliedmaße. Die rechte Hand des Aufhalters umfaßt die Fessel, die linke Hand hat Kontakt mit dem Pferd.

Abb. 40b (rechts oben). Aufhalten der linken Hintergliedmaße. Das linke Hinterbein wird mit der rechten Hand in der Fessel erfaßt und nach vorn und oben gezogen.

Abb. 40c (rechts). Aufhalten der linken Hintergliedmaße. Grundstellung: Das linke Hinterbein ist nach hinten abgebeugt. Es ruht auf dem linken Oberschenkel des Aufhalters, beide Hände umschließen die Fessel des Pferdes.

Die linke Hinterextremität wird wie folgt für den Beschlag angehoben (Abb. 40, a bis c): Man streicht mit der linken Hand über den Rücken und die Hüfte des Pferdes und legt die Hand auf die Kruppe. Stützt man mit der linken Hand das Pferd stark ab, verlagert es sein Gewicht auf die anzuhebende Gliedmaße. Mit der rechten Hand streicht man an der linken Hintergliedmaße abwärts, umfaßt die Fessel und zieht das Bein nach vorn, bis das Sprunggelenk gebeugt ist. Bei widerspenstigen Pferden erleichtert ein Strick oder eine Plattlonge diese Manipulation. Danach legt der Aufhalter seinen linken Arm von hinten über das Sprunggelenk, umfaßt mit beiden Händen die Fessel und zieht die Gliedmaße rückwärts aus. Dabei ruht das aufgehobene Bein des Pferdes auf dem linken Oberschenkel des Aufhalters. Die gegenüberliegenden Gliedmaßen werden entsprechend aufgehoben. Die Hufe werden vorn bis in Höhe des Vorderfußwurzelgelenkes und hinten in Höhe des Sprunggelenkes gehalten. Sie sollten nicht zu stark nach außen abgebogen werden. Nach dem Aufhalten werden die Gliedmaßen langsam abgesetzt. Läßt man sie fallen, trifft die Spitze des Hufes auf dem Boden auf, wodurch Hufbeinbrüche entstehen können.

Zurichten der Hufe barfußgehender Pferde

Die Hufe barfußgehender Pferde laufen sich bevorzugt die Zehenwand ab. Folglich müssen die Trachten gekürzt werden. Barfußgehende Pferde sollten eine dicke Hornsohle besitzen. Sie wird beim Zurichten nicht ausgeschnitten. Der Strahl wird bis zur Höhe des Tragerandes der Wand niedergeschnitten, damit sich die Körperlast gleichmäßig auf die Bodenfläche des Hufes verteilt. Die scharfen Kanten des Tragerandes barfußgehender Pferde werden stark berundet. Sie werden z.T. bis zur weißen Linie abgeraspelt, um ein Ausbrechen des Tragerandes zu verhindern. Der Tragerand schräg verlaufender Wände wird stärker berundet als der steiler Hornwände.

Zurichten der Hufe für den Beschlag (Abb. 42, a bis f)

Der Huf muß vor dem Beschlag aus folgenden Gründen zubereitet werden:
– Die unter dem Schutz des Hufeisens ungleichmäßig gewachsenen Hufe

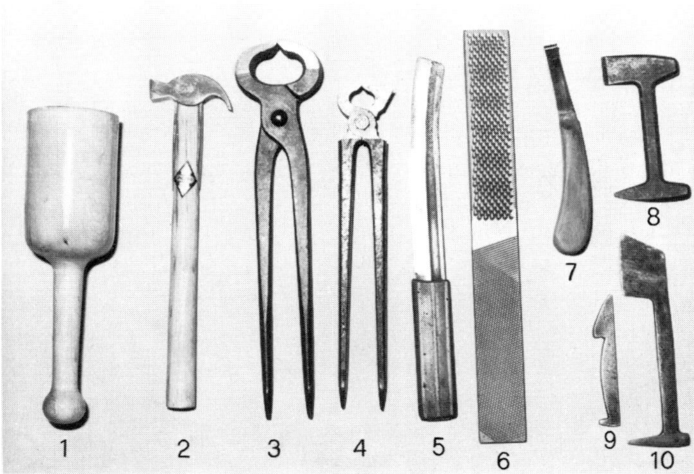

Abb. 41. Werkzeuge zur Ausführung des Hufbeschlags

1 Klopfschlegel
2 Beschlaghammer
3 Abnehmzange
4 Beschlagzange
5 Hauklinge
6 Hufraspel
7 Rinnhufmesser
8 Nietklinge
9 Unterhauer
10 Nietklinge

bedürfen einer Korrektur. Die Zehenwand bewegt sich auf dem Hufeisen nur gering und wird deshalb wenig abgerieben. Die Trachtenwand wird stark abgerieben und dadurch zu kurz. Es entwickelt sich ein spitzer Huf. Die Körperlast verschiebt sich auf die hinteren Teile des Hufes.

– Es ist notwendig, eine genügend breite Auflagefläche für das neue Hufeisen herzustellen.

Der Tragerand weicher Hufe wird mit dem Rinnhufmesser und der harter Hufe mit der Hauklinge und dem Klopfschlegel gekürzt (Abb. 41). Das Rinnhufmesser, ein Messer mit einem handlichen Holzgriff und einer leicht gebogenen, am freien Ende rinnenförmig umgebogenen Klinge, wird außerdem zu Feinarbeiten am Huf benutzt. Die Hauklinge ist ein messerähnliches Werkzeug aus Gußstahl. Der Klöppel oder Klopfschlegel, ein walzenförmiges Holzstück, das in einen Stiel ausläuft, besteht aus Hartholz. Er wird zum Vorwärtstreiben der Hauklinge im Horn benutzt. Wieviel Horn vom Tragerand entfernt wird, richtet sich nach dem Verlauf der Zehenachse, der Lage

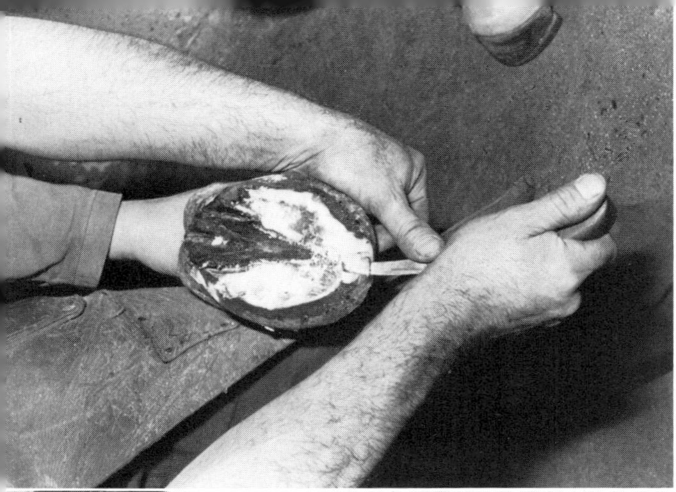

Abb. 42a. Zurichten des Hufes für den Beschlag. Aus der Sohle wird mit dem Hufmesser das lose Horn entfernt. Danach legt man einen Probeschnitt an. Dieser zeigt, wieviel Horn von dem Zehentragerand entfernt werden kann.

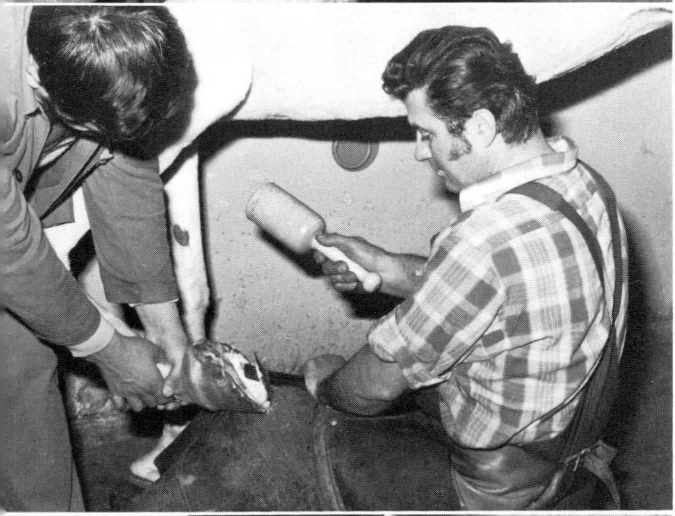

Abb. 42b. Zurichten des Hufes für den Beschlag. Der Tragerand wird mit der Hauklinge und dem Klopfschlegel gekürzt.

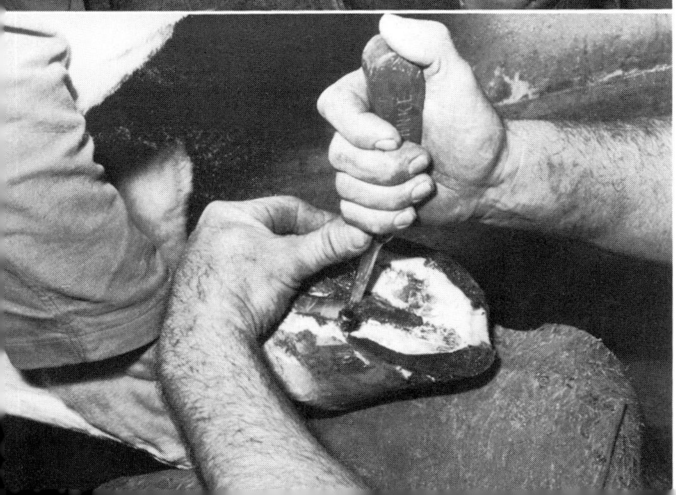

Abb. 42c. Zurichten des Hufes für den Beschlag. Der Strahl wird mit dem Hufmesser beschnitten. Die äußere Strahlfurche wird zum Schmied hin ausgeschnitten.

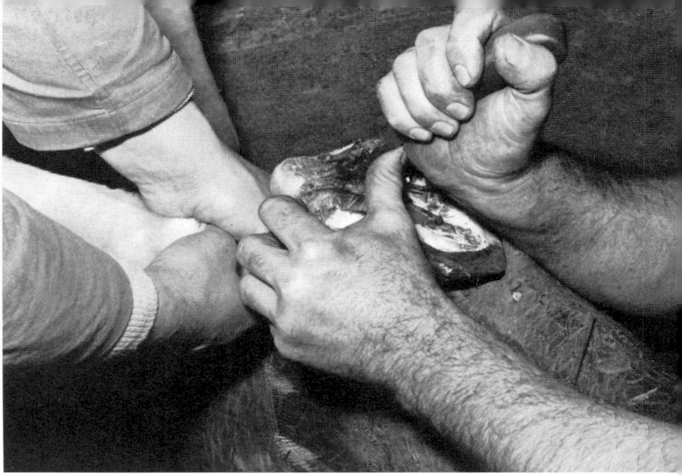

Abb. 42d. Zurichten des Hufes für den Beschlag. Die innere seitliche Strahlfurche wird vom Schmied weg ausgeschnitten. In der rechten Hand liegt das Rinnhufmesser, der Daumen der linken Hand führt die Klinge und vermeidet ein Ausrutschen des Messers.

der Krone, der Art des Fußens und der Abnutzung des alten Eisens. Ein Probeschnitt an der Zehenwand zeigt an, wieviel Horn entfernt werden muß. Häufig sind nur die Zehen zu kürzen. Bei einem Stollenbeschlag werden die Trachtenwände stärker niedergeschnitten. Es wird so viel vom Tragerand

Abb. 42e. Zurichten des Hufes für den Beschlag. Der Tragerand wird zur vollen Auflage des Hufeisens beraspelt.

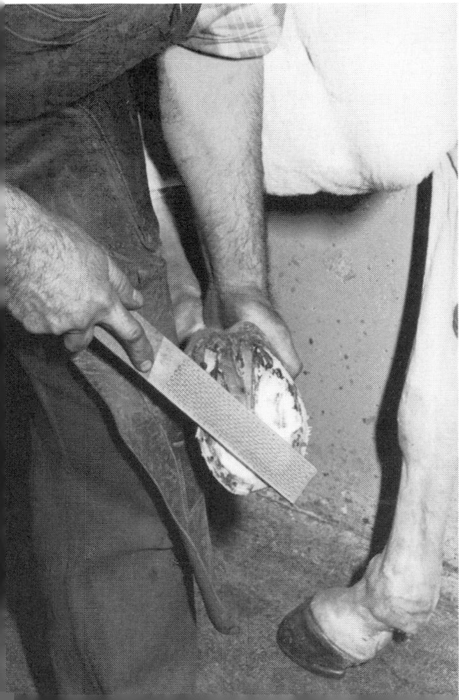

Abb. 42f. Zurichten des Hufes für den Beschlag. Die äußere Tragerandkante wird beraspelt (gebrochen).

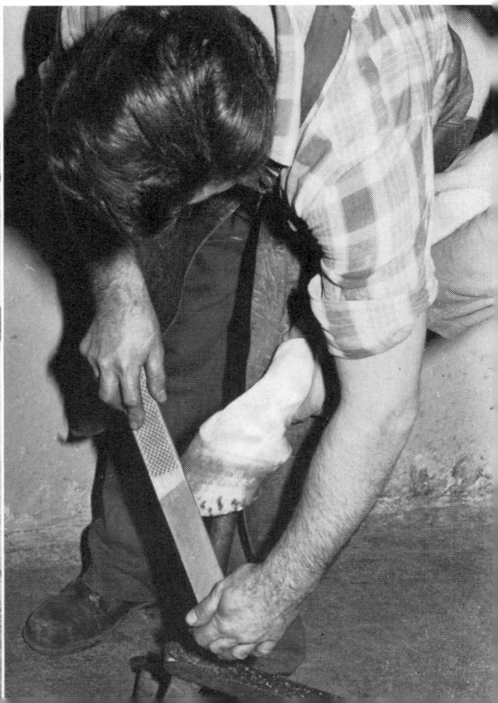

entfernt, daß die Hornwand eine geschlossene Verbindung mit der Hornsohle eingeht. Ein strohhalmbreiter Streifen der Sohle wird vom Hufeisen bedeckt und ist am Tragen beteiligt. Die scharfen Kanten des Tragerandes werden mit der Hufraspel berundet. Die Glasurschicht der Hornwand darf bei regelmäßigen Hufen nicht beraspelt werden. Das sachgemäße Abraspeln der Tragerandkante verhindert ein Absplittern und Ausbrechen des Tragerandes und das Entstehen von Tragerandhornspalten. Ein ungenügend berundeter Tragerand biegt sich auf dem Hufeisen nach außen auf und reißt ein. Aus der Hornsohle wird nur das lose, bröckelige Horn entfernt. Dieses Horn ist abgestorben, rissig, mürbe und an den Hinterhufen mehlartig. Es läßt sich in Schollen abtragen. Die Tiefe der seitlichen Strahlfurchen gibt Aufschluß über die Stärke der Hornsohle. Die Sohlenäste und die Eckstreben sind besonders zu schonen. Werden die Sohlenäste stark ausgeschnitten, biegen sich die Trachtenwände einwärts; es entsteht ein Trachtenzwanghuf. Die Eckstreben sollen an ihrer Umbiegungsstelle (Eckstrebenwinkel) in einer Ebene mit dem Tragerand und plan auf dem Eisen liegen. Sind die Eckstrebenwinkel verlängert und nach innen gebogen, nähern sie sich dem Strahl und umschließen ihn. Der Bewegungsraum des Strahles ist eingeengt; der Strahl verkleinert sich. Die umgebogenen, verlängerten Eckstrebenwinkel müssen entfernt werden. Der Strahl wird bei der Zubereitung des Hufes nur so weit bearbeitet, daß er den Tragerand der Trachtenwand noch um die Stärke eines regelmäßigen Hufeisens überragt. Der Strahlkörper schließt mit dem Hufeisen nach unten hin ab. Lose und unterminierte Teile des Strahlhornes werden entfernt. Die Tragefläche des Hufes (Hornwand, weiße Linie, äußerer Sohlenrand, Teile des Sohlenastes und Eckstrebenwinkel) muß zur vollen Auflage auf dem Hufeisen plan geraspelt werden. Nur der Zehenteil der Tragefläche des Hufes kann entsprechend der Zehenrichtung des Hufeisens nach oben gerichtet sein. Sind die Hufe zubereitet, sollte das Pferd gleichmäßig fußen und die Zehenachse von vorn und der Seite gesehen gestreckt verlaufen.

Aufnageln des Hufeisens (Abb. 43, a bis h)

Das Hufeisen wird mit Nägeln an der Hornwand des Hufes befestigt. Dabei wird die Wand nicht mehr als nötig beschädigt und die eingeschlossenen Weichteile nicht verletzt. Das Hufeisen richtet sich in seiner Form nach der des

Hufes; Tragerand und äußerer Hufeisenrand schließen beim regelmäßigen Huf an der vorderen Hälfte bündig ab, während an der hinteren Hälfte die Tragefläche von dem Eisen gedeckt ist und die Trachtenwände voll gestützt werden. Die Schenkelenden des Eisens dürfen den Strahl nicht einengen (Strahlfreiheit).

Das Hufeisen wird im warmen, mäßig braunen Zustand auf den Tragerand aufgesetzt und angepaßt. Anhand des Abdruckes, den das warme Hufeisen hinterläßt, kann es nachgeformt und angeglichen werden. Das Hufeisen paßt, wenn die Richtung der Nagellöcher der Neigung der betreffenden Hornwand entspricht und auf die Nagelleiste zeigt.

Das Hufeisen wird zuerst mit dem inneren Zehennagel befestigt. Anschließend werden der äußere Zehennagel und abwechselnd innen und außen die anderen Hufnägel eingeschlagen. Die Spitze des Nagels wird in der Mitte des Nagelloches angesetzt, um ein seitwärtiges Verrutschen des Hufeisens zu vermeiden. Die schräge Zwickenseite des Nagels ist der Hufmitte zugewandt. Den Nagel hält man möglichst lange zwischen den Fingern, um ihm die Richtung zu geben, in die er in die Hornwand eindringen soll. Die nagelführende Hand liegt dabei dem Huf an. Zunächst wird der Nagel vorsichtig mit jedem Schlag 5 bis 6 mm tief in die Nagelleiste eingetrieben. Der Nagel dringt mit einem dumpfen Ton leicht ein. Gelangt er in härtere Hornschichten, wird der Klang heller, der Hammerschlag muß jetzt kräftiger ausgeführt werden. Bei leichten Hufeisen sollen die Nägel 2 cm und bei schweren Hufeisen 3 bis 4 cm über dem Eisen aus der Hornwand austreten. Dies wird erreicht durch die Länge der Zwicke und die Richtung des Nagelkanals im Eisen. Werden die Nägel zu weit in das Horn eingetrieben, reicht das Hornwachstum einer Beschlagsperiode nicht aus, um die Nagellöcher bei der Hufzubereitung zu beseitigen. Mehrere Reihen von Nagellöchern können dann in der Hornwand übereinander liegen. Bei einer derart beschädigten Wand ist es schwierig, Nägel im Horn fest anzubringen. Durch das Nageln entstandene Horndefekte werden mit Huflederkitt verschlossen.

Die Hufnägel sollten möglichst alle auf gleicher Höhe aus der Hornwand austreten. Ragt die Nagelspitze aus der Hornwand hervor, wird die Beschlagzange angehalten und der austretende Nagel umgebogen. Die umgebogenen Nägel werden an die Hornwand angelegt. Dadurch werden Verletzungen des Aufhalters und der gegenüberstehenden Gliedmaße des Pferdes weitestgehend vermieden. Die Hufnägel werden nun mit kurzen, kräftigen Schlägen in die Gesenke eingetrieben; dabei wird die Beschlagzange kräftig gegen die

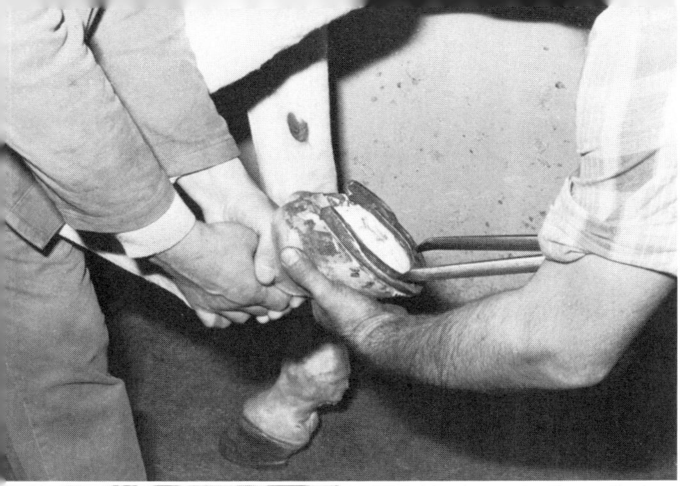

Abb. 43a. Aufnageln des Hufeisens. Aufpassen des heißen Eisens mit dem Zirkel.

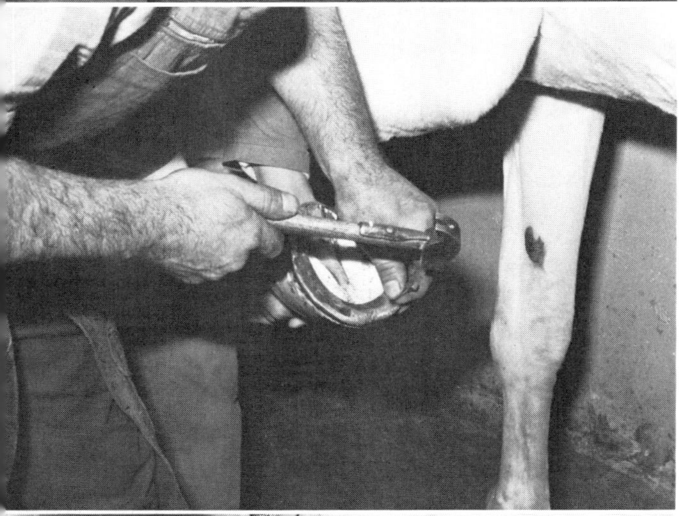

Abb. 43b. Aufnageln des Hufeisens. Der innere Zehennagel wird zuerst eingeschlagen.

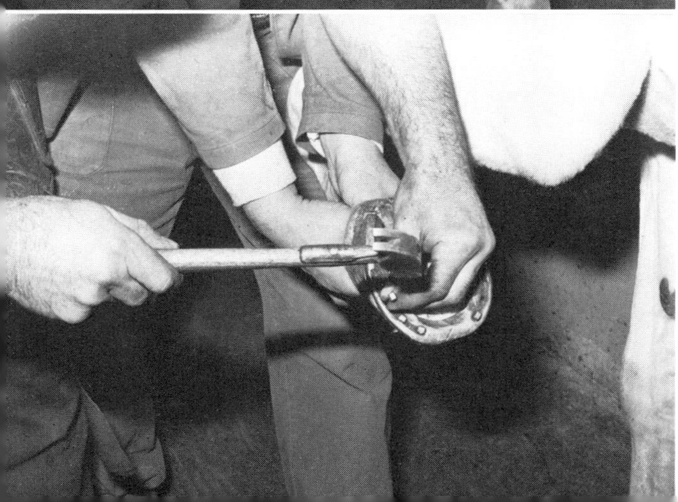

Abb. 43c. Aufnageln des Hufeisens. Nach dem Einschlagen des inneren Zehennagels folgt der äußere Zehennagel. Es wird dann abwechselnd innen und außen weitergenagelt, bis alle Nägel eingeschlagen sind.

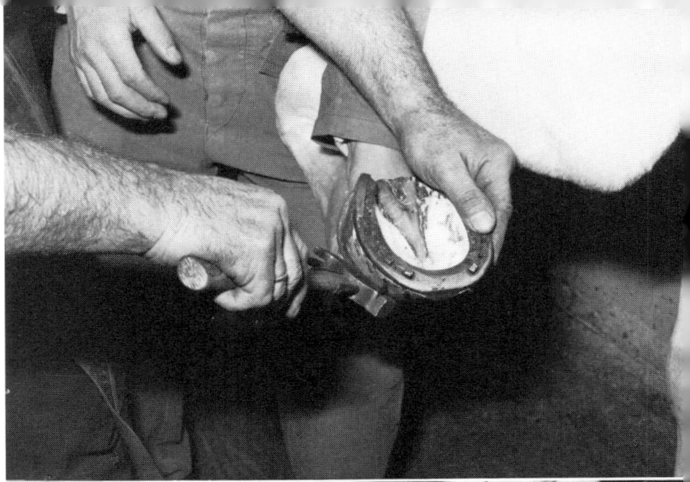

Abb. 43d. Aufnageln des Hufeisens. Eingenagelte und aus der Hornwand austretende Hufnägel werden sofort umgebogen und an die Hornwand angelegt.

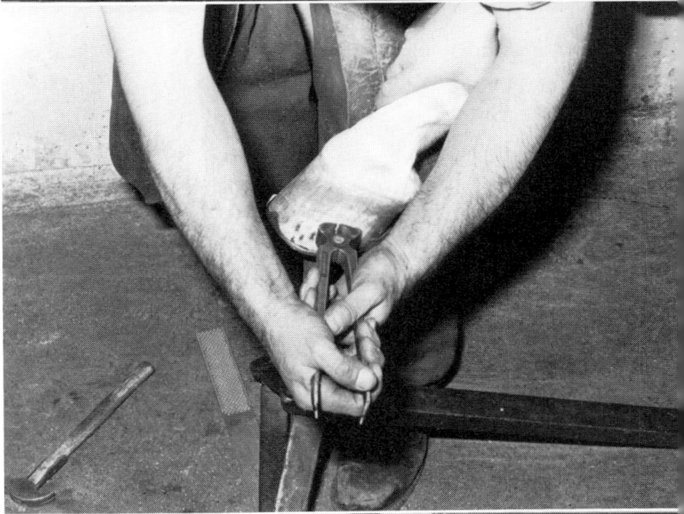

Abb. 43e. Aufnageln des Hufeisens. Die Hufnägel werden mit der Beschlagzange gleichmäßig dicht an der Hornwand abgezwickt.

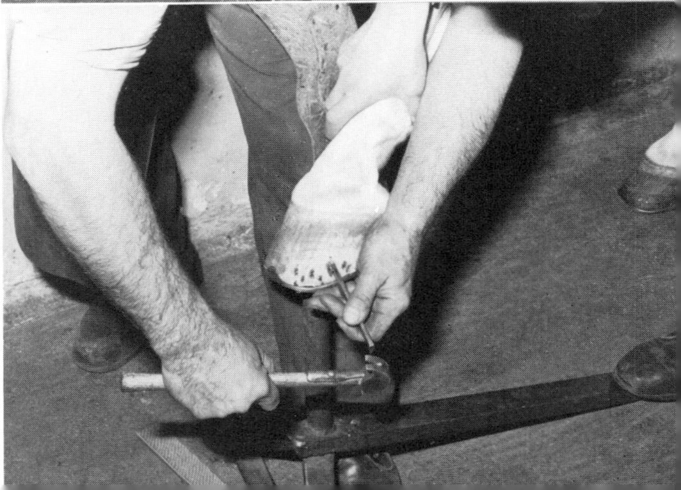

Abb. 43f. Aufnageln des Hufeisens. Mit dem Unterhauer wird ein Nietbett senkrecht zum Hufeisenrand geschaffen.

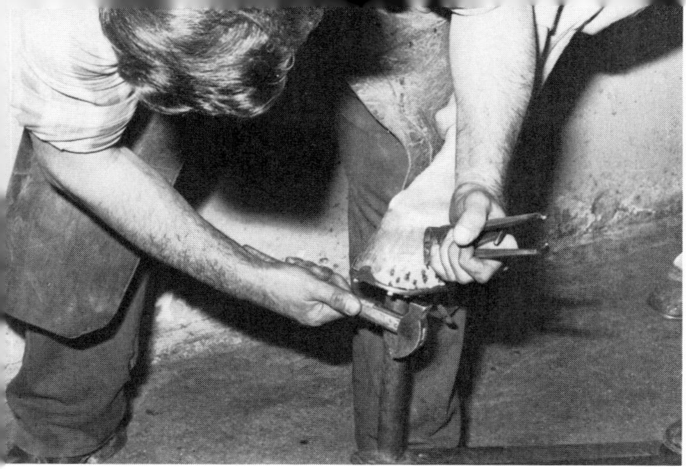

Abb. 43g. Aufnageln des Hufeisens. Vor dem Einbetten des Nietes wird der Nagel mit dem Beschlaghammer und der Beschlagzange kräftig angezogen.

umgebogenen Nagelenden gepreßt. Dazu besitzt die Beschlagzange einen Vorsprung an der einen Seite ihres kleinen Maules. Danach werden die Nagelklingen mit der Beschlagzange gleichmäßig dicht an der Hornwand abgezwickt. Das unter dem Nagel vordrängende Horn wird mit dem Unterhauer entfernt und ein Nietbett senkrecht zum Hufeisenrand geschaffen. Die Nieten sollen so lang sein wie die Nägel breit sind. Nach einem abermaligen Anziehen des Nagels mit dem Beschlaghammer und der untergelegten Beschlagzange wird der Niet mit leichten Hammerschlägen im Nietbett versenkt, so daß kein Niet über die Wandfläche hervorsteht. Nur bei dünnen Hornwänden verzichtet man auf ein Nietbett und legt die Nieten auf die Hornwand auf. Die durch das Aufbrennen entstandene scharfe äußere Kante des Tragerandes wird mit der Raspel berundet. Diese äußere Tragerandkante wird nur um soviel heruntergeraspelt, daß die scheinbare Wanddicke der wirklichen entspricht (Abb. 44). Nach dem Aufschlagen der Hufeisen wird das Pferd im Schritt und Trab vorgeführt und beurteilt.

Abb. 43h. Aufnageln des Hufeisens. Mit leichten Hammerschlägen wird der Niet im Nietbett versenkt; damit der Nagel sich dabei nicht lockert, wird mit der Beschlagzange der Nagelkopf unterstützt.

Abb. 44. Berunden des Tragerandes

a – b = wirkliche Wandstärke
a – c = scheinbare Wandstärke
c – d = zu berundender Abschnitt
e – d = falsch berundeter Tragerand

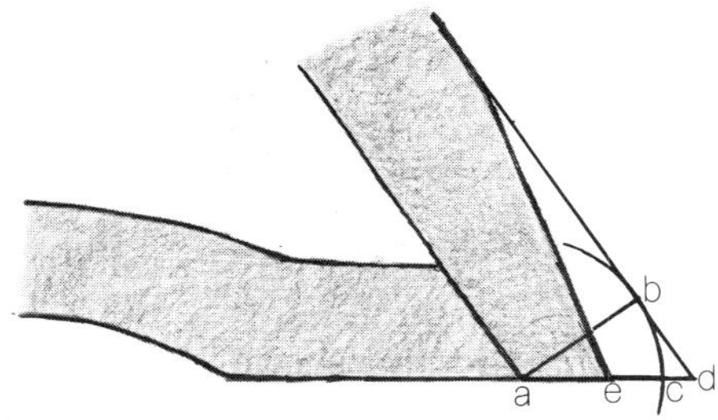

Abnehmen der Hufeisen (Abb. 45, a bis d)

Nach einer Beschlagsperiode von 4 bis 6 Wochen wird das Hufeisen entfernt. Es wird nicht »heruntergerissen«, sondern abgenommen. Das gewaltsame Abnehmen eines Hufeisens führt zu Quetschungen und Zerrungen der Huflederhaut und zum Lösen ganzer Tragerandteile. Auch der Reiter, Besitzer oder Halter eines Pferdes sollte in der Lage sein, vor dem Beschlagswechsel ein verschobenes, gelockertes Hufeisen sachgerecht abzunehmen.

Das Pferd sollte möglichst mit sauberen Hufen zur Schmiede kommen; die Hufe werden deshalb vorher mit einer Bürste und dem Hufkratzer gereinigt. Die alten Hufeisen werden mit dem Klopfschlegel, der Nietklinge und der Abnehmzange entfernt. Die Nietklinge ist ein beilförmiges Werkzeug aus Eisen mit stumpfer Klinge und einem kurzen Stiel. Mit dieser werden die Nieten aufgebogen oder abgeschlagen. Dazu wird die Nietklinge unter der Niete aufgesetzt, und mit kräftigen Hammerschlägen wird die Niete geöffnet. Der Daumen der die Nietklinge führenden Hand findet auf der Bodenfläche des Hufeisens Anlehnung, um ein Abrutschen der Nietklinge und Verletzen der Krone des Hufes zu verhindern. Sind alle Nieten des Hufeisens aufgebogen, wird das Hufeisen mit der Abnehmzange oder der Nietklinge gelüftet. Das große Maul der Abnehmzange umfaßt das Schenkelende der äußeren Hornwand zuerst. Das geschlossene Maul der Abnehmzange sitzt auf dem Tragerand auf. Mit hebelnden Bewegungen zur Zehenwand hin wird das Hufeisen abwechselnd am äußeren und inneren Schenkel gelockert. Mit der Nietklinge lüftet man das Eisen, indem man sie zwischen Schenkelende und Trachtenwand ansetzt und durch Druck nach außen die Lockerung des Hufeisens bewirkt. Das Hufeisen wird dann auf den Huf zurückgeschlagen. Die Nagelköpfe treten dabei aus den Gesenken heraus, werden erfaßt und

Abb 45a. Abnehmen des Hufeisens. Die Nägel werden mit der Nietklinge und dem Klopfschlegel aufgenietet.

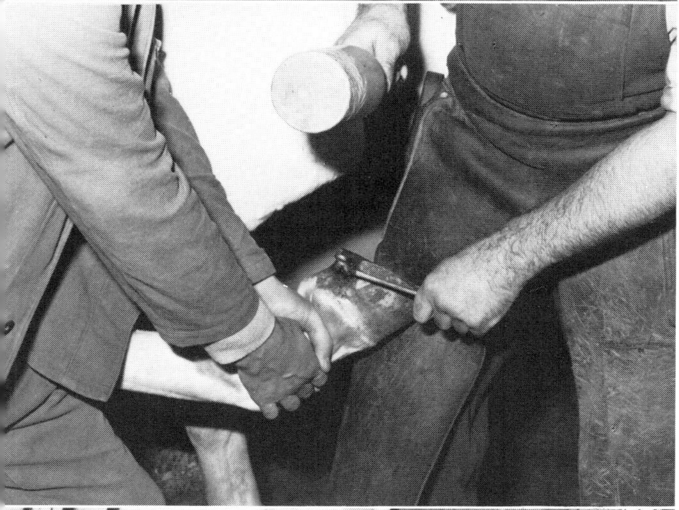

Abb. 45b. Abnehmen des Hufeisens. Das Hufeisen wird mit der Nietklinge und dem Klopfschlegel gelüftet. Dazu wird die Nietklinge zwischen Trachtenrand und Eisenschenkel eingetrieben.

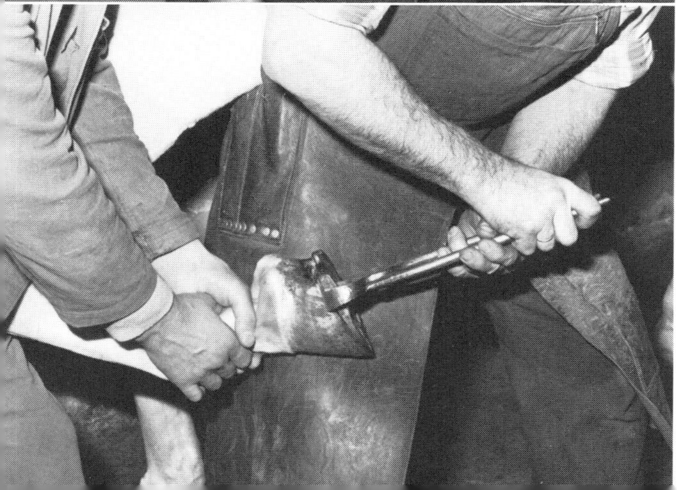

Abb. 45c. Abnehmen des Hufeisens. Das Hufeisen wird mit der Abnehmzange gelüftet. Das geschlossene Maul der Zange umfaßt die Eisenschenkel.

Abb. 45d. Abnehmen des Hufeisens. Nachdem die gelockerten Nägel bis auf die Zehennägel herausgezogen wurden, wird das Eisen mit kurzen Hebelbewegungen vom Zehentragerand abgehoben.

herausgezogen. Die hinteren Hufnägel werden zuerst entfernt, da sie am weitesten vorstehen. Jeder ausgezogene Hufnagel wird geprüft und auf dem Beschlagtisch abgelegt. Feuchte und mit Gewebe behaftete Hufnägel zeigen eine Entzündung der Huflederhaut an. Abgebrochene Hufnagelteile werden sofort aus der Hornwand entfernt. Zuletzt umfaßt man das Hufeisen am Zehenteil und hebt es vom Tragerand ab. Einem Pferd mit gesunden Hufen dürfen alle vier Eisen abgenommen werden. Erkrankte Hufe (Vollhuf, Podotrochlose) müssen wieder beschlagen werden, bevor man das Eisen des gegenüberliegenden Hufes entfernt.

Die abgenommenen Hufeisen werden einer genauen Prüfung unterzogen. Beurteilt werden die Bodenfläche, die Huffläche und die Ränder des Hufeisens. Veränderungen an der Bodenfläche entstehen durch die Abschwungsreibung und die Fußungsreibung. Die Abschwungsreibung entsteht im Moment des Abschwingens über den vorderen Tragerand und tritt am Zehenteil des Vordereisens auf. Die Fußungsreibung wird durch das Fußen mit gleitender Reibung verursacht und soll sich auf die gesamte Bodenfläche des Hufeisens gleichmäßig erstrecken. Die ungleichmäßige Abnutzung des Hufeisens tritt auf, wenn dieser Teil des Eisens den Boden zuerst berührt. Je mehr sich die Teile des Hufeisens der Sohlenmitte nähern, desto stärker ist die Abreibung, z.B. an zu eng gerichteten Hufeisenschenkeln. Der Hufmitte nähergelegene Eisenteile werden mehr belastet. Fehlerhafte Hufzurichtung, falscher Beschlag und verkürzte Schrittlänge, bedingt durch eine Lahmheit des Pferdes, verursachen ein ungleiches Fußen verbunden mit einer ungleichmäßigen Abnutzung der Bodenfläche des Eisens. Zugpferde stellen sich beim

Ziehen schwerer Lasten bodeneng; der äußere Hufeisenschenkel wird dann stärker abgenutzt. In schneller Gangart wird der äußere Hufeisenschenkel vermehrt abgerieben. Stärker abgerieben werden die Hufeisenschenkel, die zuerst den Boden berühren, z.B. der innere Hufeisenschenkel der bodenweiten und zehenweiten Gliedmaßenstellung. Die Abschwungsreibung verstärkt sich, d.h. die Pferde laufen sich eine »Zehenrichtung« an, bei zu langen, spitzen Zehen, Pferden mit schleifendem Gang und chronischen Gliedmaßenerkrankungen (Schale, Spat).

Durch die starke Trachtenbewegung innerhalb des Hufmechanismus entstehen Scheuerrinnen auf der Huffläche des Eisens. Die Trachtenwände können sich am Tragerand bis zu 6 mm abreiben. Diese Reibung verstärkt sich, wenn Sand zwischen Hufeisen und Trachtenwand gelangt. Sie ist außerdem verstärkt bei schwachen Hornwänden, schlechter Hornqualität, fehlerhafter Hufzubereitung und falschem Beschlag. Fehlen die Scheuerrinnen auf dem Eisen, liegen die Trachten entweder nicht auf, oder die Trachtenwände bewegen sich nicht (Hufknorpelverknöcherung). Sind die Scheuerrinnen auf beiden Eisenschenkeln nicht gleichmäßig, liegen verschiedene Belastungsverhältnisse und verschieden hohe Wände vor. Die niedere Trachtenwand wird stärker belastet und reibt sich stärker auf der Huffläche des Eisens ab. Zeigt die gesamte Tragefläche des Hufeisens Scheuerrinnen, war das Hufeisen lose und wurde eventuell nachgeheftet. Polierte oder abgeriebene Eisenränder entstehen durch Streichen; Kerben, Hiebe oder Dellen an den Eisenrändern werden durch Greifen verursacht.

Beschlag der Zugpferde

Durch die vollkommene Technisierung der Landwirtschaft hat sich die Anzahl der Zugpferde stark verringert. Sie werden noch zu speziellen Arbeiten in der Land- und Forstwirtschaft verwendet. Die Hufeisen dieser Pferde sind stärker und breiter und so lang, daß ihre Schenkelenden mit einer von den Ballen gefällten Senkrechten abschließen. Während des schweren Zuges stellen sich die Pferde bodeneng. Eine vorteilhafte Stützfläche und gleichmäßige Abnutzung der Hufeisen dieser Pferde erreicht man, wenn man diese mit einem breiten,. bodenweit geschmiedeten äußeren Schenkel versieht. Leichte Zugpferde, die ihre Arbeit in schnelleren Gangarten verrichten, werden mit den beschriebenen regelmäßigen Hufeisen versorgt.

Beschlag der Reit- und Turnierpferde

Die Hufeisen der Reitpferde sind einem regelmäßigen Beschlag anzugleichen. Reiterliche Erfolge und das Gefühl der Sicherheit eines Reiters auf dem Pferd hängen nicht unwesentlich von der Verfassung der Hufe und dem Hufbeschlag ab. Die Hufe der Pferde sind großen Belastungen durch den Transport, den Futterwechsel und die sich ständig ändernden Bodenverhältnisse ausgesetzt. Der Wechsel der Bodenbeschaffenheit hinsichtlich der Temperatur, Feuchtigkeit und Struktur stellt an das Hufhorn große Anforderungen. Diesen Anforderungen können nur gut gepflegte und regelmäßig beschlagene Pferde gerecht werden.

Eine Beschlagsperiode beträgt bei Turnierpferden 4 Wochen. Der Hufbeschlag der Turnierpferde ist abhängig vom Körperbau, dem Temperament der Pferde und der Art der Dienstleistung (Springen, Dressur, Vielseitigkeit). Die Hufeisen der Turnierpferde sind so leicht wie möglich zu halten. Dabei muß das Hufeisen so breit und stark sein, daß es volle Stützung gibt und das geringe Gewicht die Stabilität nicht negativ beeinflußt. Die Vordereisen sind mit einer guten Zehenrichtung ausgestattet. An den Hufeisen kann der Zehenteil ähnlich den Greifhufeisen gerade gehalten werden. Die Schenkelenden der Hufeisen sind kurz, sie schließen mit den Trachtenecken ab. Die Trachtenwinkel müssen aber unbedingt gedeckt sein. Die kurzen Schenkelenden der Hufeisen gewährleisten einen festen Sitz des Eisens im Galopp, bei kurzen Wendungen und während des Springens. Besonders häufig gehen im Moment des Aufsetzens nach dem Sprung Eisen mit langen Schenkelenden verloren. Viele Pferde kommen mit den Trachten zuerst auf, und auf den langen Schenkelenden liegt die durch den Sprung potenzierte Körperlast. Die Bodenfläche an den Vordereisen kann mit einer Abdachung versehen sein, die kurz vor den Schenkelenden als scharfer Absatz endet und einen Gleitschutz darstellt (Abb. 46). Auch die Hintereisen können diese Abdachung besitzen. Der mittlere Rand des Hufeisens ist bodeneng geschmiedet. Neigen die Pferde zum Greifen, werden die Schenkelenden bodeneng geändert. Fehlerhaft ist die prophylaktische Anwendung von Hufeisen mit erhöhten Schenkelenden, um Sehnenschäden vorzubeugen. Die wechselnde Belastung der Beugesehnen des Pferdes gestattet eine vorbeugende Verwendung orthopädischer Beschläge nicht. Als besonderer Gleitschutz werden Schraubstollen empfohlen. Diese sollten nach dem Reiten herausgedreht werden, um Verletzungen und Überdehnungen der Sehnen zu vermeiden.

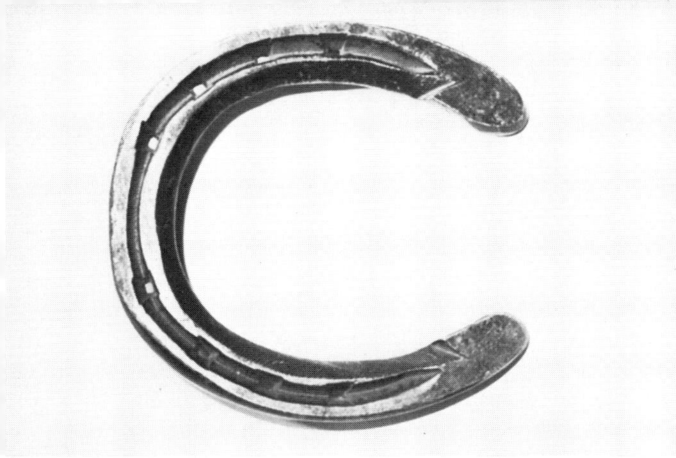

Abb. 46. Beschlag der Reit- und Turnierpferde. Die Bodenfläche des Hufeisens zeigt eine Abdachung, die vor den Schenkelenden mit einem scharfen Absatz versehen ist.

Nach Beendigung der Turniersaison sollte man den Pferden die Eisen abnehmen und ihnen möglichst Weidegang gewähren. Auf einem mäßig eindrückbaren Boden kann sich der Huf erholen und mit uneingeschränktem Hufmechanismus erworbene Mängel ausgleichen.

Beschlag der Galopprennpferde

Der Beschlag der Galopprennpferde hat drei Forderungen zu erfüllen:
- er muß leicht sein, denn unnötiges Gewicht geht auf Kosten der Schnelligkeit des Pferdes,

Abb. 47. Beschlag für Galopprennpferde. Hufeisen aus Stahl mit durchgehendem Falz.

– er muß stabil sein, darf im Renngalopp nicht brechen oder sich verbiegen,
– er muß einen hohen Gleitschutz bieten.

Man verwendet ein schmales Hufeisen aus Stahl (Abb. 47). Ein Hufeisen dieser Stärke aus Schmiedeeisen hergestellt, würde den Druckkräften nicht standhalten und sich verbiegen. Die Tragefläche bedeckt nur die Hornwand einschließlich der weißen Linie. Die Bodenfläche besitzt einen durchgehenden Falz. Die beiden Bodenkanten sind abgerundet. Die Schenkelenden werden bodeneng geschmiedet. Die Hufeisen sind sehr kurz, die Schenkelenden schließen mit den Trachtenecken bündig ab. Die Stabilität der Renneisen wird erhöht, wenn über die weiteste Stelle des Hufes hinaus genagelt wird. Das Stahlhufeisen läuft sich schnell ab und wird glatt, deshalb wird der Beschlag im Abstand von 14 Tagen bis vier Wochen gewechselt. Aus arbeitstechnischen Gründen werden die Galopprennpferde kalt beschlagen.

Beschlag der Trabrennpferde

Die Trabrennpferde werden mit einem Jahr »eingebrochen«; das Traben in schneller Gangart wird ihnen durch intensives Training und unter Anwendung mannigfaltiger Hilfsmittel aufgezwungen. Die regelmäßige Fußfolge des Renntrabes, die gleichmäßige Aktion der Gliedmaßen und die Balance werden durch die Hufformen und den Hufbeschlag beeinflußt. Lange Vorderhufe stabilisieren den Gang, stellen aber ein Zusatzgewicht dar. Durch kurze Vorderhufe bekommen die Pferde einen unsicheren Gang; diese Hufe rollen schneller über den vorderen Tragerand ab und erfordern weniger Kraft zur Bewegung. Mit der Huflänge verändert sich auch der Zehenwand-Tragerand-Winkel. Seine Bedeutung ist bei den Traberhufen um vieles höher einzuschätzen als bei denen der Reitpferde. Schon eine Abweichung der Winkelung der beiden Vorderhufe um 3 bis 5 Grad kann die Gangart verändern. Der Hufbeschlag muß diese Winkeldifferenz ausgleichen. Das Zurichten der Traberhufe und der Beschlag geschehen nach besonderen im Rennbetrieb geltenden Grundsätzen. Das Hufeisen »paßt«, wenn das Pferd damit Rennen gewinnt, selbst wenn das Eisen schräg auf dem Huf sitzt. Die Art des Beschlagens eines Trabrennpferdes wird vom Besitzer und Trainer bestimmt und vom Schmied nicht immer zum Wohle und zur Gesunderhaltung der Hufe und Gliedmaßen ausgeführt.

Die Hufe der deutschen Trabrennpferde werden allgemein sehr spitz, lang und eng hergerichtet. Spitze, lange Hufe gestatten eine weite, flache Trabaktion, die Schrittfrequenz wird aber durch diese Hufe herabgesetzt. Die engen, spitzen Hufe besitzen harte, dünne Hornwände und stark gewölbte, kräftige Sohlen. Der Hornstrahl ist mäßig ausgebildet. Die Pferde neigen zum Trachtenzwang. Die Trabrennpferde bekommen alle vier Hufe beschlagen. Eine Beschlagsperiode dauert 14 Tage bis vier Wochen. Die Hufeisen für Traber werden aus Schmiedeeisen, Stahl, Aluminium oder Kunststoffen hergestellt. Das Trabrennpferd wird durch schwere Vordereisen aus Schmiedeeisen, Hufeisen mit Gewichten (Speere und Steckgewichte) oder Hufeisen mit Querstegen (Memphiseisen, Abb. 48 und 49) ausbalanciert und zum gleichmäßigen Renntrab veranlaßt. Die Eisen werden mit 6 Nägeln am Huf befestigt. Die Hufnägel sitzen mit 3 bis 4 cm sehr hoch in der Wand. Die Hufeisen besitzen ein rechteckiges Profil, doch werden auch Eisen mit einem halbrunden Profil verwendet (Abb. 50). Letztere Eisen werden besonders an den Vordergliedmaßen benutzt; sie gestatten dem Pferd ein schnelleres Abrollen über den vorderen Tragerand. Dieses Hufeisen kann außerdem als Streicheisen verwendet werden, denn ihm fehlen die scharfen Kanten der Bodenfläche rechteckiger Hufeisen. Die Eisen sind vorn 5,5 bis 6,5 mm und hinten 4,5 bis 5,5 mm stark, glatt und an der Bodenfläche abgedacht oder mit Rillen versehen. Von dem belasteten Tragerand des Hufes wird ein Pappmodell angefertigt und danach das Hufeisen geschmiedet. Der Schmied bewahrt diese »Hufkarte« auf und stellt danach die Hufeisen für das Pferd her. Die Hufeisen stehen ungefähr einen Zentimeter über die Trachtenwandecke hinweg.

Unregelmäßige Gangarten kommen bei den Trabrennpferden durch den unphysiologischen Renntrab häufiger vor. Im Renntrab schwingen die Hintergliedmaßen an den Vordergliedmaßen außen vorbei. Dabei treten häufig Greif- und Streichverletzungen auf. *Greifhufeisen* unterscheiden sich bei den Trabern wesentlich von denen der Turnierpferde. Die Traber greifen sich ausschließlich während schneller Bewegung. Im Renntrab sollten die Vordergliedmaßen eine kürzere Stützphase als die Hintergliedmaßen besitzen. Die Vordergliedmaßen rollen schneller ab und haben eine höhere Aktion als die Hinterbeine. Ist das nicht der Fall, muß man die Aktion vorn beschleunigen und hinten bremsen. Man erreicht das durch Kürzen der Zehen und spezielle Hufbeschläge. Das vordere Greifeisen (Abb. 51) besitzt einen geraden Zehenteil und eine starke Zehenrichtung oder einen Steg kurz hinter dem Zehenteil quer zu der Richtung, in welcher das Pferd abrollt. Das Abrollen über den vorderen Tragerand wird auch beschleunigt durch ein Peter-Manning-Eisen (Abb. 52), ein Hufeisen, das nach vorn offen ist. Die an der Zehe geöffneten Schenkel sind entsprechend einer Zehenrichtung leicht nach oben gebogen. Der Vorderhuf kann sich an der freiliegenden Zehenwand eine starke Zehenrichtung anlaufen, die das Abrollen beschleunigt. Das Hufeisen mit dem halbrunden Profil beschleunigt gleichfalls durch das schnelle Abrollen den Gang der Vorderextremität. Das Abrollen und Vorschwingen der Hintergliedmaße wird durch verschiedene Maßnahmen verzögert. Zunächst läßt man die Zehenwand des Hinterhufes lang und spitzrund wachsen. Das entsprechende Hufeisen besitzt keine Zehenrichtung. Außerdem benutzt man hinten immer leichte, flache Hufeisen, die die Schwungphase verzögern. Ein Hufeisen mit einer durchgehenden Rille an der Bodenfläche erzielt den gleichen Effekt (Abb. 53). Teile des Bodens treten sich in diese Rille ein und hemmen die gleitende Reibung. Die Aktion der Hintergliedmaße wird außerdem gebremst durch ein Hufeisen mit einem geraden Zehenteil und einer tiefen Rille in der Bodenfläche dieses Zehenteils. Der Gang der Hinterextremitäten wird verlangsamt durch ein spezielles Greifeisen. Ein dünner Metallstreifen, der an der Bodenfläche des Zehenteils am Hintereisen 2 bis 3 mm übersteht, stoppt die Aktion in der Phase des Fußens.

Die Streicheisen sind mit einem breiten, äußeren Schenkel versehen, oder es ist am äußeren Schenkel eine Eisenplatte befestigt, die die äußere halbe Sohlenfläche bedeckt. Durch diese Verlagerung des Gewichtes auf die äußere Hufhälfte beschreibt die Gliedmaße einen Bogen um den stützenden Fuß. Seitenaufzüge, mit einem Gewicht ausgestattet, oder Schleppstollen an den äußeren Schenkelenden gestatten dem Pferd einen breiten, nach außen führenden Gang (Abb. 54).

Ein spezielles Hufeisen brauchen die »Knieschläger« und »Paddler«. Der Huf des Knieschlägers zeigt nach außen; er rollt über die Außenseite ab, schwingt in der Bewegung bei hoher Aktion nach innen und verletzt das Vorderfußwurzelgelenk. Zur Korrektur wird zuerst der Tragerand der äußeren Hufhälfte im Bereich des ersten Nagelloches bis zur Trachtenecke niedergeschnitten. Das Hufeisen besitzt einen schwereren, höheren inneren Eisenschenkel; der Zehenteil des Eisens verläuft schräg von vorn nach hinten innen und ist bodeneng gerändert (Abb. 55 und 56). An der Bodenfläche des Eisens können Knaggen (Abb. 57) (rechteckige Eisenstücke in der Breite der Schenkel, die in beliebiger Folge und Anzahl auf der Bodenfläche des Eisens

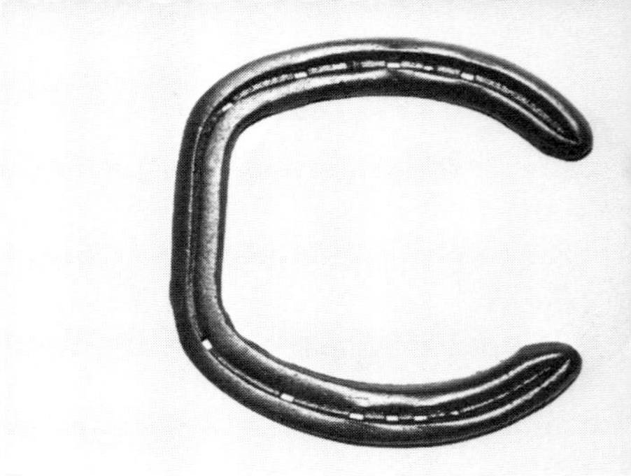
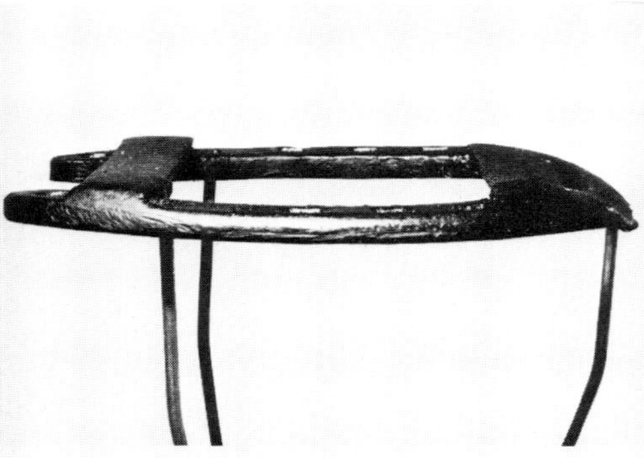

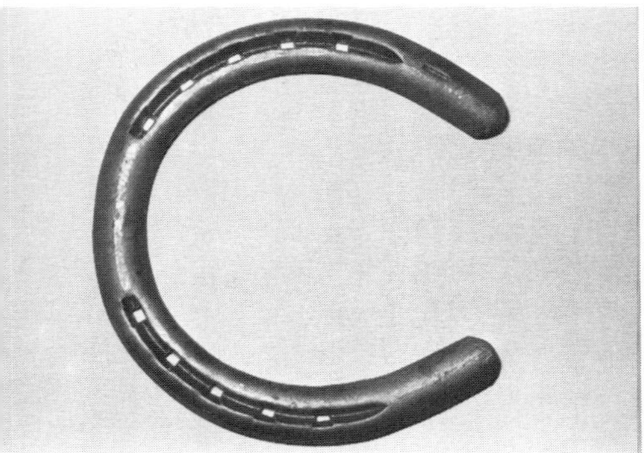

Abb. 48 (oben). Traberbeschlag. Hufeisen mit Querstegen (Memphis-Eisen) und stark angelaufener Zehenrichtung (Ansicht Bodenfläche).

Abb. 49 (Mitte). Traberbeschlag. Hufeisen mit Querstegen (Memphis-Eisen) und stark angelaufener Zehenrichtung (Seitenansicht).

Abb. 50 (unten). Traberbeschlag. Hufeisen mit halbrundem Profil.

Abb. 51 (oben). Traberbeschlag. Greifeisen für den Vorderhuf mit halbrundem Profil, Falz und geradem Zehenteil.

Abb. 52 (Mitte). Traberbeschlag. Peter-Manning-Hufeisen, offene Schenkel am Zehenbereich mit angeschmiedeter Zehenrichtung.

Abb. 53 (unten). Traberbeschlag. Leichtes Hinterhufeisen mit Profil.

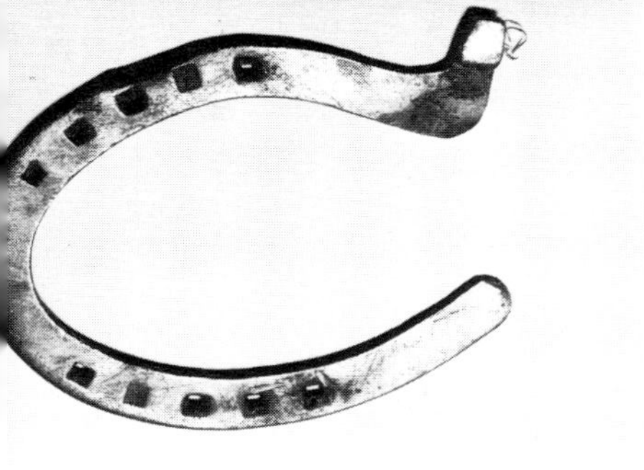

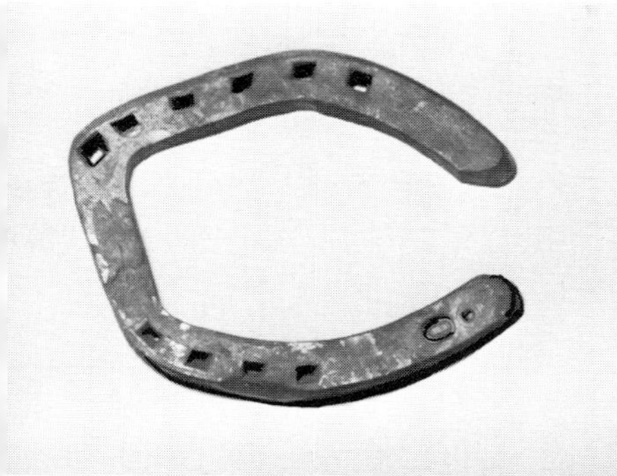

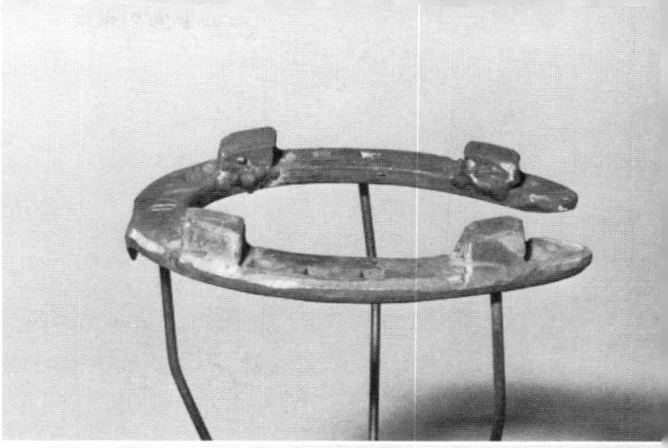

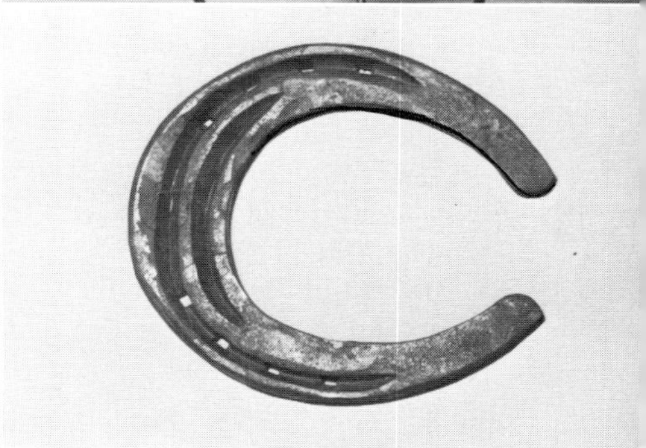

Abb. 54 (oben). Traberbeschlag. Hufeisen mit Schleppstollen.

Abb. 55 (Mitte). Traberbeschlag. Hufeisen für Knieschläger, Stempeleisen mit schrägem Zehenteil.

Abb. 56 (unten). Traberbeschlag. Hufeisen für Knieschläger, Zehen-Seiten-Teil innen stark bodeneng gerändert.

Abb. 57 (oben). Traberbeschlag. Hufeisen mit Knaggen an der Bodenfläche (Gleitschutz und Gewicht).

Abb. 58 (Mitte). Traberbeschlag. Ein Hufeisen mit verstärktem Zehenteil und einer Rille neben dem Falz. Die Rille hemmt, und das Gewicht des Zehenteils fördert die Aktion.

Abb. 59 (unten). Traberbeschlag. Hufeisen mit Steg am Zehenteil zur Erhöhung des Gewichtes (Ellbogenschläger).

aufgeschweißt werden) oder ein schräger Steg angebracht sein, der den Huf während des Fußens zum Überkippen auf den Zehenteil veranlaßt und das Abrollen erleichtert.

Unter »Paddeln« versteht man einen unregelmäßigen Gang mit auswärtsschwingenden Hufen. Sie können dabei die vorwärtsschwingende Hintergliedmaße berühren. Die Innenseite des Tragerandes wird hier gekürzt; eine doppelte Rille an der Bodenfläche der inneren Zehenwand verzögert das Abrollen dieses Hufes (Abb. 58). Außerdem kann man noch die Aktion der Hintergliedmaße durch einen Beschlag mit einem eiförmigen, geschlossenen Stegeisen bremsen. Dieses Eisen verlangsamt den Gang durch die Haltung der großen Berührungsfläche auf dem Erdboden.

Trabrennpferde mit sehr hoher Aktion können sich den Ellbogen verletzen (Ellbogenschläger). Ein höheres Gewicht des Hufes, lange Zehen, schwere Hufeisen oder Gewichte an der vorderen Zehenwand, können diese Gangart beseitigen (Abb. 59). Häufig genügt schon eine Ledersohle, um die Zehe genügend zu verlängern. Gewichte an den Hintergliedmaßen sollte man vermeiden, die Pferde fallen dann sehr schnell in den unerwünschten Paßgang.

Gleitschutz

Auf glatten Straßen, feuchtem Rasen und Sandboden verursachen regelmäßige Hufeisen einen unsicheren Gang. Die Gefahr des Ausgleitens kann durch spezielle Vorrichtungen verhindert werden. Eine große Anzahl von Gleitschutz- und Schärfemitteln sind aus der Literatur bekannt. Einige dieser Gleitschutzvorrichtungen verstärken jedoch die nachteilige Wirkung des regelmäßigen Hufbeschlags. Die Wahl der Gleitschutzmittel hat unter Berücksichtigung der Gliedmaßenstellung, der Hufform, des Verwendungszweckes und der Bodenbeschaffenheit zu erfolgen. Scharfe Kanten, Rillen, Kerben, Zacken, Leisten, Zähne und Unterbrechungen an der Bodenfläche des Hufeisens können ein Ausgleiten verhüten. Das Falzeisen als Profilhufeisen bietet einen gewissen Gleitschutz. Diese Gleitschutzvorrichtungen laufen sich schnell ab. Hartmetallkörner und Stahlkügelchen, die an der Bodenfläche angeschweißt werden, verhindern ein schnelles Abnutzen des Hufeisens und bilden einen brauchbaren Gleitschutz.

Abb. 60. Stumpfe und scharfe Schraubstollen.

Den besten Gleitschutz auf glatten Asphalt- und Zementstraßen bei Schnee und Eis bietet der Stollenbeschlag. Man unterscheidet Hufeisen mit angeschmiedeten Stollen und mit auswechselbaren Stollen, den Steck- und Schraubstollen. Das Stolleneisen (angeschmiedete Stollen) wird wie ein regelmäßiges Hufeisen nur mit einem kürzeren Falz geschmiedet. Die Schenkelenden werden dann zur Bodenfläche hin im rechten Winkel umgebogen. Die Stollen haben die Höhe der Eisenstärke der Schenkelenden und sind beide gleich hoch. Das Stollenhufeisen bekommt eine starke Zehenrichtung. Der innere Stollen der Hintereisen wird bodeneng und stumpf geschmiedet. Der Beschlag der schweren Zugpferde kann neben den Stollen auch noch einen Griff besitzen. Als Griff bezeichnet man Erhöhungen aus Stahl, die an der Bodenfläche des Zehenteils angebracht sind. Der Griff ist nie höher als die Stollen und breit angesetzt. Die Steckstollen werden in vorgefertigte passende Löcher an den Schenkelenden eingesetzt. Der Stollenzapfen besitzt eine konische Form. Er sitzt dadurch fester in dem Stollenloch. Er paßt, wenn nach dem Einschlagen in das Stollenloch noch 1 bis 2 mm zur völligen Füllung fehlen. Die Steckstollen lassen sich nur mühsam wechseln und gehen leicht verloren.

Schraubstollen erlauben es, sie je nach Witterungsverhältnissen und Bodenbeschaffenheit zu wechseln. Sie sollten immer nach der Arbeit entfernt werden. Schraubstollen besitzen einen runden Zapfen mit einem Gewinde. Das entsprechende Stollenloch ist mit dem gleichen Gewinde ausgestattet. Die Schenkelenden des Schraubstolleneisens werden stärker und breiter geschmiedet. Wir unterscheiden stumpfe und scharfe Stollen (Abb. 60). Der Kopf des stumpfen Stollens besteht aus einem quadratischen Eisenwürfel mit einem zentralen Stahlstift. Scharfe Stollen sind meißel- und pyramidenförmige Stollen mit H-, Y-, S-, T- oder X-förmigen Profilen und Stollen mit winkelförmigem Kopf. Die Schraubstollen werden mit einem Stollenschlüssel fest in das Stollenloch eingedreht. Der Zapfen darf nicht auf der Tragefläche des Hufeisens erscheinen. Das Schraubstollenloch sitzt in der Mitte des Hufeisenschenkels ca. 1 cm vor den Schenkelenden.

Spezialbeschläge

Einen gewissen Gleitschutz und ein elastisches Fußen gestatten Hufeiseneinlagen, Hufeisenzwischenlagen und Hufeisenunterlagen.

Zu den Hufeisen mit Hufeiseneinlagen gehören die Tauhufeisen. Sie wurden entwickelt, um das Ausgleiten auf glatten Fahrbahnen zu mindern und werden nur noch selten verwendet. Die Tauhufeisen bestehen aus Temperguß und besitzen an der Bodenfläche eine Rinne, die mit einem geteerten Strick, dem Tau, ausgefüllt ist (Abb. 61). Die Tauhufeisen lassen sich schwer richten und können nur in der gegossenen Form und Größe aufgeschlagen werden. Das Nageln bereitet Schwierigkeiten. Die Nägel werden mit einem Aufsetzer eingetrieben, lassen sich schwer festziehen und nutzen sich ungleichmäßig ab.

Auch Gummi wird in die Bodenfläche des Hufeisens eingelegt, an ihr befestigt oder diese damit überzogen (Abb. 62). Gummi als Hufeiseneinlage garantiert einen guten Gleitschutz, besitzt aber eine starke Adhäsionskraft auf dem Boden, so daß die gleitende Reibung während des Fußens nicht wirksam wird und die Gliedmaße ruckartig steht.

Die Hufeisenunterlagen befinden sich zwischen dem Tragerand des Hufes und der Tragefläche des Hufeisens. Zum Schutz empfindlicher oder defekter Sohlenflächen findet die Ledersohle Verwendung (Abb. 63): Man schneidet 4 bis 6 mm dickes Rindleder nach der Form des Tragerandumfanges zurecht und befestigt es auf der Tragefläche des Hufeisens. Die Ledersohle erhöht den Huf. Das Hufeisen wird deshalb etwas weiter geschmiedet und die Kappen um die Dicke der Ledersohle erhöht. Der Raum zwischen Huf und Sohle kann mit Werg ausgepolstert werden. Stoßdämpfende Eigenschaften besitzen Gummisohlen (Abb. 64). Die Elastizität des Gummis wirkt der des Hufes und der der Gliedmaße entgegen. Bei chronischen Huf- und Gliedmaßenerkrankungen kann die verminderte natürliche Elastizität durch die künstliche Elastizität des Gummibeschlages teilweise ersetzt werden. Ähnliches gilt für die häufig verwendeten Gummikeile, Kunststoffkeile und Kunststoffstoßdämpfer. Die Kunststoffkeile (Abb. 65) zwischen dem Eisen und dem Huf hemmen die

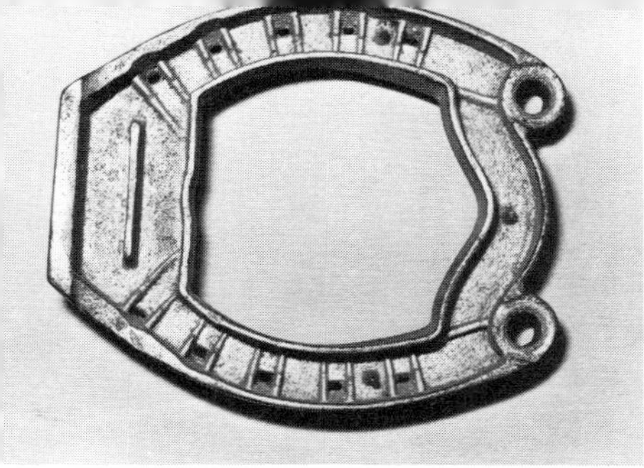

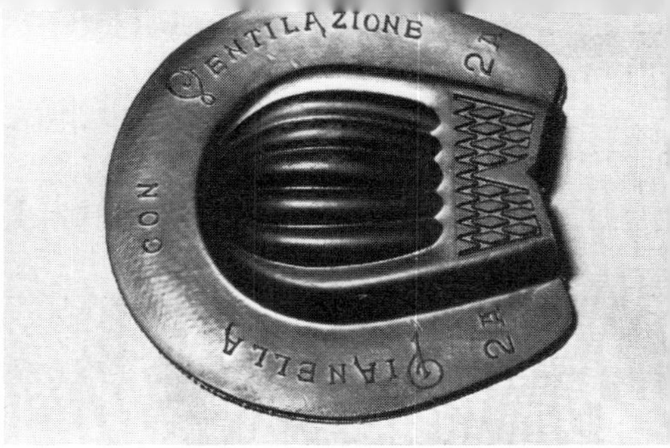

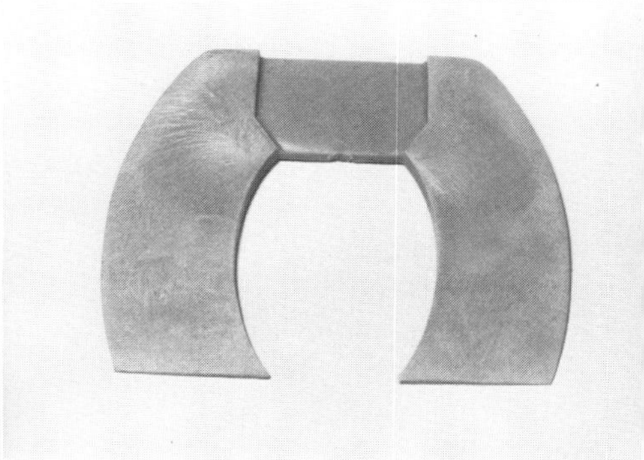

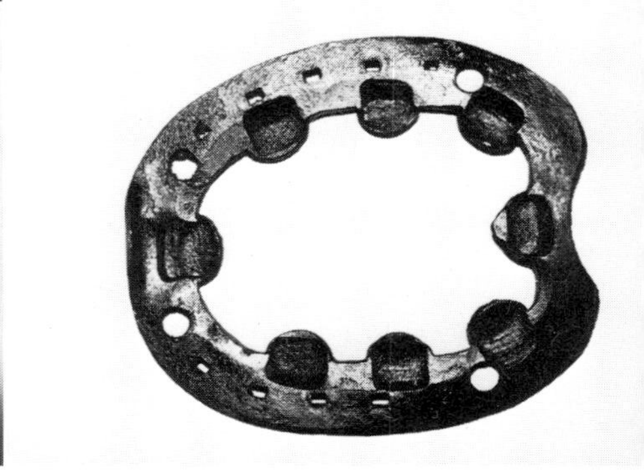

Abb. 61 (oben). Tauhufeisen aus Gußeisen. Nach dem Aufnageln des Eisens wird die Aussparung mit einem geteerten Tau ausgefüllt (Gleitschutz).

Abb. 62 (Mitte). Hufeisen aus Aluminium mit einer Gummisohle.

Abb. 63 (unten). Hufeisen mit Ledersohle als Hufeisenunterlage.

Abb. 64 (oben). Gummisohle als Hufeisenunterlage.

Abb. 65 (Mitte). Kunststoffkeil als Hufeisenunterlage.

Abb. 66 (unten). Hufeisen mit Lappen zur Befestigung von Hufeisenzwischenlagen aus Kork.

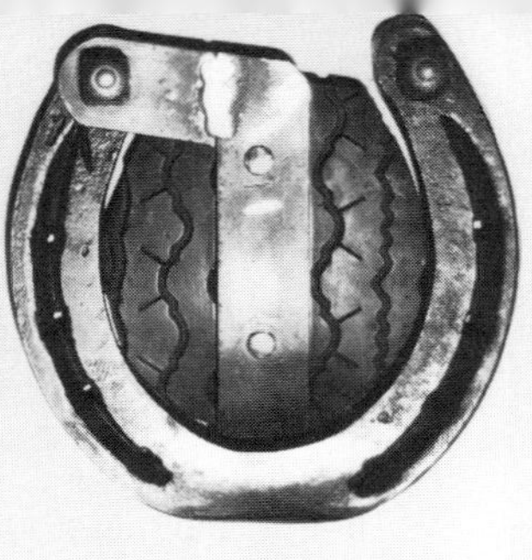

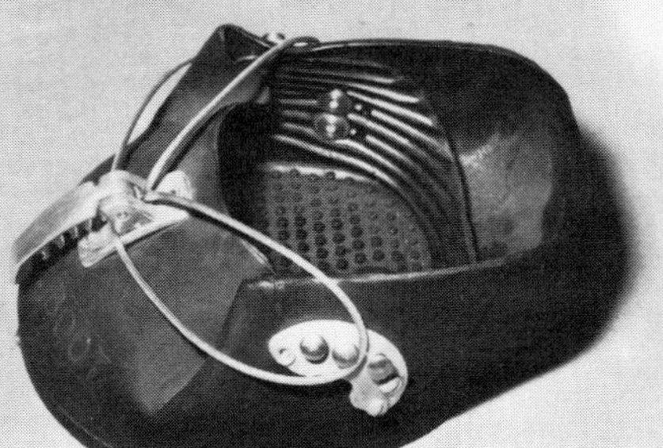

Abb. 67 (oben). Hufeisenzwischenlage aus Gummi, wird mit einem Schraubstollen befestigt. Sie verhindert das Einballen von Schnee. Abb. 68 (Mitte). Kunststoffbeschlag für Reitpferde und Traber, nach einmaligem Wechseln ist der Tragerand durch Nägel stark beschädigt. Abb. 69 (unten). Verstellbarer Gummihufschuh. Er wird nur im orthopädischen Hufbeschlag zum Schutz größerer Defekte in der Hornkapsel verwendet.

natürliche Hufelastizität im Bereich der Trachten und sollten zum Ausgleichen der Gliedmaßenstellung durch erhöhte Schenkelenden auf der Bodenfläche des Hufeisens ersetzt werden. Hufeisenunterlagen aus Leder und Kunststoffleisten beim orthopädischen Hufbeschlag wertvolle Dienste.

Die Hufeisenzwischenlagen liegen zwischen den Eisenschenkeln und bedecken die Hufsohle. Sie werden aus Gummi, Kork, Filz, Stroh, Huflederkitt und Kunststoffen hergestellt. Die Hufeisen sind mit bestimmten Vorrichtungen ausgestattet, um die Zwischenlagen auch bei höheren Gangarten am Huf festzuhalten (Abb. 66). Eine Hufeisenzwischenlage aus Vollgummi (Abb. 67) verhütet das Einballen von Schnee. Sie wird über einen Metallbügel mittels Schraubstollen am Hufeisen befestigt. Häufig wird als Hufeisenzwischenlage (Hufeinlage) der Huflederkitt verwendet, eine kittartige Masse aus Guttapercha, Kautschuk und organischen Bindemitteln. Er wird zum Gebrauch im warmen Wasser bis zum Erreichen der Knetfähigkeit erwärmt und auf die gesäuberte, entfettete Sohlenfläche zwischen den Hufeisenschenkeln aufgetragen. Der Huflederkitt paßt sich den Unebenheiten des Hufes genau an und sitzt nach dem Erkalten und Härten fest zwischen den Eisenschenkeln. Er überträgt den Gegendruck des Erdbodens ganz auf die Sohlenfläche des Hufes. Seit einigen Jahren werden Hufeisenzwischenlagen aus Kunststoff hergestellt. Die weichen, elastischen Kunststoffkissen füllen die Sohlenfläche aus und werden durch eine derbe Kunststoffsohle an der Sohlenfläche gehalten. Diese Hufeisenzwischenlagen ermöglichen ein Mittragen der gesamten Hufsohle und eine direkte, mechanische Stoßdämpfung.

Einen leichten, strapazierfähigen Hufschutz, verbunden mit erhöhtem Gleitschutz, stellt der Aluminiumbeschlag dar. Er wird dort angewendet, wo man mit einem leichten Hufeisen die Gangart des Pferdes beeinflussen und die Schrittfrequenz erhöhen kann. Durch die scharfe Gratbildung, die mit dem Ablaufen des Beschlags entsteht, wird ein guter Gleitschutz erzielt, die Greifgefahr aber erhöht. Die durchschnittliche Tragedauer von 20 Tagen ist verhältnismäßig kurz. Durch Beimengung von Kupfer entsteht das Duraluminium. Diese Kupferlegierung gibt in Verbindung mit Urin und Kot Säuren ab, die das Hufhorn zersetzen. Eine Mischung von Aluminium und Kadmium ergibt einen als »System Wood« in England bekannten leichten, widerstandsfähigen und dauerhaften Beschlag für Pferde. Ein geringes Gewicht des Beschlages erreicht man außerdem mit Kunststoffen. Brauchbar für einen regelmäßigen Hufbeschlag sind nur Kunststoffplatten in Form der geschlossenen Hufeisen, die mit Nägeln am Huf befestigt werden (Abb. 68). Dieser Kunststoffbeschlag wird in mehreren Größen, mit Stahleinlagen verstärkt, hergestellt und eignet sich besonders für Trabrennpferde. Es sind keine vorgefertigten Nagellöcher vorhanden. Die Nägel werden nach dem Aufpassen der Kunststoffplatten auf den Huf vorsichtig eingeschlagen. Dieser Kunststoffbeschlag läuft sich sehr schnell ab. Durch die seitlichen Zugkräfte brechen Teile des Kunststoffes rund um die Hufnägel aus und die Kunststoffeisen lockern sich. Seit einigen Jahren werden wieder Hufschuhe angeboten, die mit Nägeln, Draht oder Klebemitteln am Huf befestigt werden (Abb. 69). Diese Hufschuhe sind für die schnelle Bewegung der Pferde ungeeignet und sollten dem orthopädischen Hufbeschlag vorbehalten bleiben.

Orthopädischer Hufbeschlag

Der orthopädische Hufbeschlag hat die Aufgabe,

- die Auswirkungen von Stellungsanomalien, verbunden mit unregelmäßigen Belastungs- und Abnutzungsverhältnissen, auszugleichen oder zu korrigieren,
- die Heilbehandlung an den Hufen und an den Gliedmaßen zu unterstützen,
- erkrankte funktionelle Systeme zu entlasten und
- chronisch unheilbare Krankheitsprozesse zu stabilisieren und zu kompensieren.

Die Pflicht des Hufschmiedes ist es, den Beginn eines Hufleidens rechtzeitig zu erkennen, den Besitzer zu informieren und den Tierarzt in der Behandlung zu unterstützen. Die Untersuchung lahmer Pferde und die operative und medikamentelle Behandlung ist Aufgabe des Tierarztes und nur von diesem durchzuführen. Der Hufschmied kennt den orthopädischen Hufbeschlag und hat diesen nur auf Anordnung eines Tierarztes vorzunehmen.

Beschlag bei unregelmäßigen Hufformen

Das orthopädische Hufeisen unregelmäßiger Hufformen wird so gestaltet, daß die Stützfläche, die die meiste Last abfängt, vergrößert und die minderbelastete Seite verkleinert wird.

Das Hufeisen für den *weiten Huf* ist breit, mit einem großen runden Zehenteil versehen (Abb. 70). Die Tragefläche ist außer an den Schenkelenden leicht nach innen gerichtet. Die Lochung reicht bis über die Mitte des Hufeisens. Die Nagellöcher werden der Hornwandrichtung entsprechend nach innen gerichtet. Der äußere Rand des Hufeisens ist bodeneng geschmiedet, d.h. er ist zur Bodenfläche hin nach innen abgeschrägt. Die Länge des Eisens ist abhängig von der Winkelung der Hornwände.

Das Hufeisen des *engen Hufes* besitzt einen spitzrunden Zehenteil (Abb. 71). Es ist schmal, am Zehenteil mäßig bodeneng, an den Seiten und Trachtenteilen bodenweit gerändert. Die Nagellöcher werden regelmäßig verteilt; sie sind an der Zehe gering nach innen und an der Seite gerade gerichtet.

Das Hufeisen für den *spitzen Huf* ist an seiner hinteren Hälfte am stärksten belastet. Deshalb vergrößert man hier die Stützfläche durch eine bodenweite Ränderung der Schenkelenden und verlängert die Hufeisenschenkel. Die Stützfläche der vorderen Hufhälfte wird verkleinert durch eine bodenenge

Ränderung des Zehenteils. Die Nagellöcher sitzen regelmäßig, sie sind am Zehenteil etwas nach innen gerichtet. Dieses Hufeisen besitzt eine lange und starke Zehenrichtung, um das Abrollen zu erleichtern. Die Zehenkappe wird in die Hornwand eingebettet.

Für den *stumpfen Huf* steht das Hufeisen an der Trachtenecke des Tragerandes nur um einen halben Zentimeter über. Eine Ausnahme bildet der Beschlag des stumpfen Hufes der bärenfüßigen Gliedmaßenstellung. Dieses Hufeisen besitzt sehr lange Eisenschenkel. Der äußere Rand des Eisens kann am Zehenteil bodenweit und an den Schenkelenden bodeneng geschmiedet sein. Die Nagellöcher zeigen am Zehenteil gering nach innen und stehen sonst senkrecht. Sie sind über die Mitte des Hufes hin angeordnet. Das Hufeisen besitzt eine kurze Zehenrichtung. Die Zehenkappe wird auf die Hornwand aufgelegt. Der stumpfe Huf ist in seiner vorderen Hälfte am stärksten belastet, deshalb wird hier die Stützfläche vergrößert. Eine sehr stumpfe Hufform stellt der Bockhuf dar; der Zehenwand-Tragerand-Winkel beträgt 60 Grad und mehr. Zehenwand und Trachtenwände haben fast die gleiche Höhe. Der angeborene Bockhuf der bärentatzigen Gliedmaßenstellung ist physiologisch und wird nicht behandelt. Die Trachten des erworbenen Bockhufes werden regelmäßig gekürzt. Zur Korrektur des Bockhufes wird das halbmondförmige Hufeisen verwendet (Abb. 72). Dieses Eisen bedeckt nur den Tragerand der Zehenwand und gestattet einen Abrieb an den Trachten. Es ist ein Stempeleisen und wird mit vier Hufnägeln befestigt. Bei Fohlen, bei denen sich das Nageln schädlich auf den Huf auswirkt, kann das Halbmondeisen mit Kunststoffklebern am Tragerand befestigt werden. Es wird auch ein glattes Eisen mit sich verjüngenden Schenkelenden verwendet. Der hochgradige Bockhuf wird mit einem breiten Hufeisen mit einem nach vorn überstehenden, aufgebogenen Zehenteil (Schnabeleisen) korrigiert. Dieses Eisen besitzt eine Zehenrichtung, die die vorderen zwei Drittel der Bodenfläche einnimmt. Zur besseren Stützung wird der überstehende Hufeisenschnabel bis zur Hälfte der Zehenwand hoch mit Kunststoff aufgefüllt. Die Trachtenwände liegen frei und laufen sich ab. Mit diesem Eisen soll ein Durchtreten und die Ausbildung einer regelmäßigen Hufform erzwungen werden.

Der halbeng-halbweite Huf gehört zu der bodenweiten und bodenengen Gliedmaßenstellung. Der bodenweite Huf wird an seiner inneren Hufhälfte am stärksten belastet. Die innere Hornwand ist kürzer und steiler als die äußere: Der innere Tragerandbogen ist ebenfalls kleiner als der äußere. Diesen Gegebenheiten muß der Beschlag Rechnung tragen und der Gliedmaße eine breite und gleichmäßige Unterstützung gewähren. Der äußere Hufeisenschenkel ist der Form des Tragerandes angepaßt und stark bodeneng gerändert, während der innere Schenkel den Trachtentragerand um einige Millimeter überragt und einen senkrechten Rand besitzt (Streichgefahr). Die Lochung des Hufeisens wird am äußeren Schenkel bis über die Mitte des Hufes hinaus verteilt. Am inneren Schenkel sind die Nagellöcher am Zehenteil zusammengedrängt. Das Hufeisen für den Huf der bodenengen Gliedmaßenstellung wird nach ähnlichen Gesichtspunkten ausgerichtet. Die äußere Wand des Hufes wird stärker belastet, steht steil und erfordert eine größere Stützfläche. Der äußere Hufeisenschenkel ist breit und steht im Trachtenbereich über den Tragerand so weit über, daß eine von der Krone gefällte Senkrechte den Hufeisenrand trifft. Der Rand dieses Schenkels kann gerade oder bodenweit geschmiedet sein. Dieser Hufeisenschenkel ist außerdem einen halben Zentimeter länger als der innere. Der innere Hufeisenschenkel schließt mit dem Tragerand bündig ab und ist bodeneng gerändert. Ein Breitschenkelhufeisen (Abb. 73 und 74) wird besonders für Reit- und Zugpferde, die ihren Dienst auf hartem Boden verrichten, empfohlen. Der äußere Schenkel dieses Hufeisens wird vom Zehenteil aus allmählich breiter und ist bodenweit gerändert. Falz und Lochung sind an diesem Schenkel tiefer angesetzt. Die Tragefläche ist breit und eben. Am äußeren Schenkel wird zum besseren Sitz des Hufeisens eine Seitenkappe angebracht. Der innere Hufeisenschenkel wird regelmäßig geschmiedet, evtl. bodeneng gerändert.

Der Beschlag für den *diagonalen Huf* ähnelt dem des halbweit-halbengen Hufes. Der diagonale Huf tritt bei der zehenengen und zehenweiten Gliedmaßenstellung, verbunden mit einer Rotation des Hufsockels auf. Das Hufeisen für den diagonalen Huf der zehenengen Gliedmaßenstellung besitzt einen breiten, längeren äußeren Eisenschenkel, während das der zehenweiten

Rechts von oben nach unten:

Abb. 70. Hufeisen für den weiten Huf.

Abb. 71. Hufeisen für den engen Huf.

Abb. 72. Halbmondförmiges Hufeisen. Es bedeckt nur die vordere Hufhälfte bis zur weitesten Stelle. Die Schenkelenden verjüngen sich und werden in den Tragerand so eingelassen, daß die Bodenfläche des Eisens und der Trachtentragerand in einer Ebene liegen.

Rechts außen von oben nach unten:

Abb. 73. Breitschenkelhufeisen vorn rechts, schmaler innerer Schenkel und breiter äußerer Schenkel.

Abb. 74. Breitschenkelhufeisen hinten rechts mit Zehen- und Seitenkappe.

Abb. 75. Dreiviertelhufeisen mit einem ganzen und einem halben sich verjüngenden Schenkel.

Abb. 76. Streichhufeisen hinten rechts, Streichkante am Übergang vom linken Zehen- zum Seitenteil, rechter Eisenschenkel verbreitert.

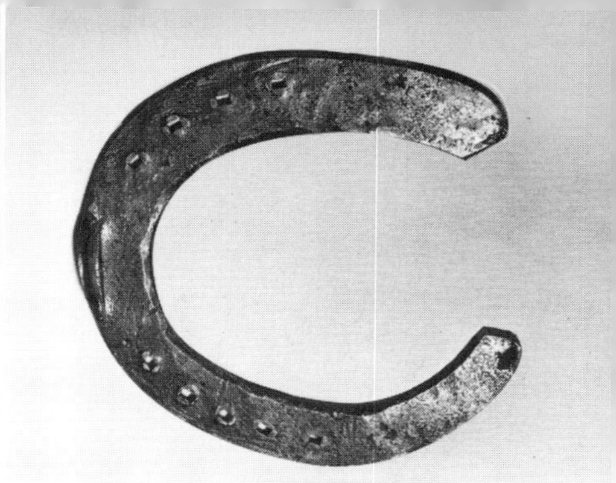
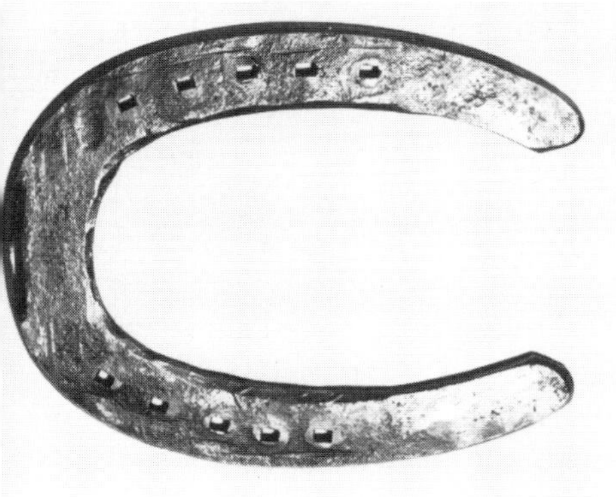
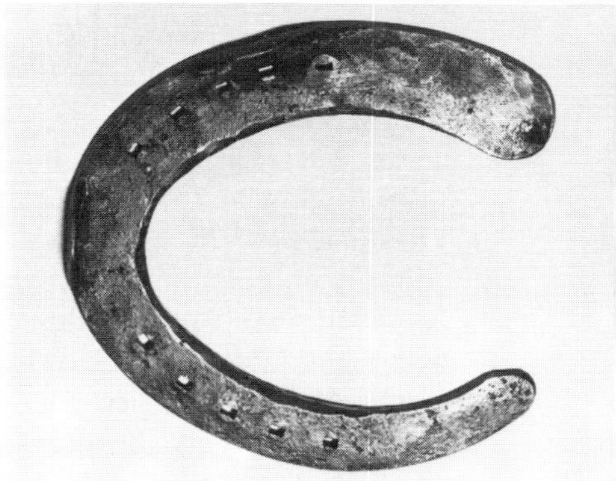
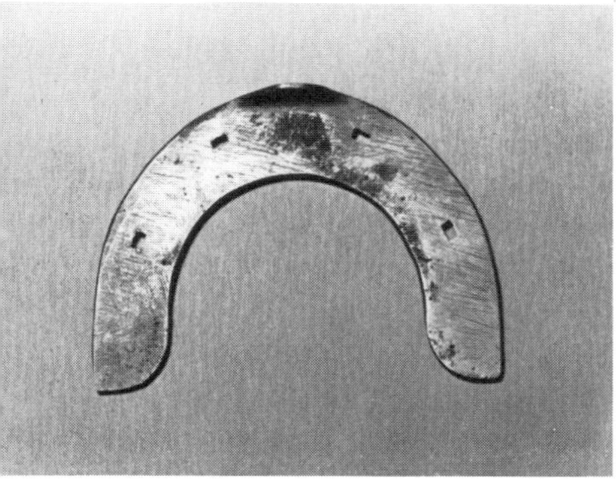
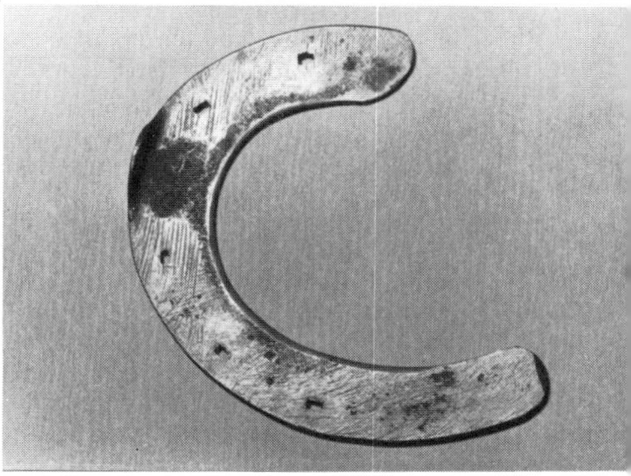
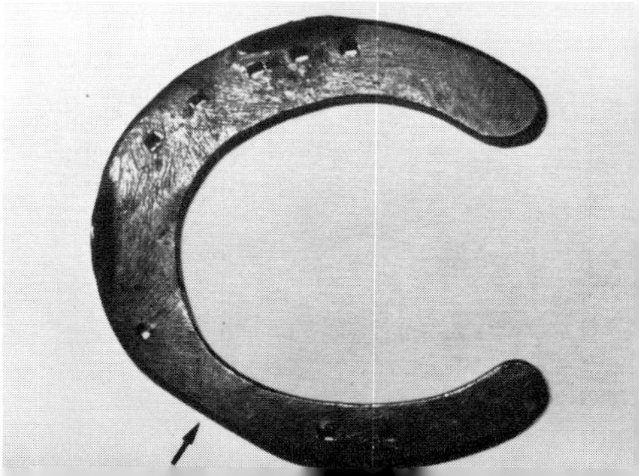

Gliedmaßenstellung einen längeren und breiteren inneren Hufeisenschenkel erhält. Streichen und Greifen treten bei diesen Hufformen in Trab und Galopp häufig auf. Starke Fußungsschübe werden mit Seitenkappen an den Hufeisen ausgeglichen.

Stark abgelaufene Abschnitte des Eisens, meist dort, wo die stark belasteten, engen Wandabschnitte vorhanden sind, werden mit aufgeschweißten Stahlplatten verstärkt, womit dem Pferd ein planes Fußen über eine Beschlagperiode gewährt wird. Bei jungen Pferden kann man den diagonalen Huf der zehenweiten Gliedmaßenstellung durch ein Dreivierteleisen (Abb. 75) korrigieren. Dieses Hufeisen besitzt einen regelmäßigen und einen halben Eisenschenkel, der sich im Bereich der Seitenwand verjüngt. Die stark belastete, steile Hufwand wird durch den regelmäßigen Schenkel unterstützt.

Zur Gewinnung einer regelmäßigen Hufform muß der *krumme Huf* intensiv zubereitet und beschlagen werden. Die nach außen gekrümmte, am Tragerand einwärts gerollte, also konvex verbogene Hufwand ist meist hoch und eng, während die konkav verbogene Hufwand niedrig und weit ist. Die hohe Wand wird niedergeschnitten, um eine gleichmäßige Fußung zu erzielen. Der Hufeisenschenkel der konvexen Wandseite schließt mit dem äußeren Punkt der Hornwand ab. Der Hufeisenschenkel der konkaven Seite ist eingezogen und unterstützt den tiefsten Punkt dieser Hornwand. Der vorstehende Tragerand der konkaven Hornwand wird mit der Raspel stark berundet. Der Beschlag mit diesem Breitschenkelhufeisen sollte innerhalb von 3 bis 4 Wochen erneuert werden.

Beschlag bei Bewegungsstörungen

Greifen nennt man die Bewegungsstörung, bei der der vorschwingende Hinterhuf die Vordergliedmaße, den Vorderhuf oder nur das vordere Hufeisen trifft. Der Hinterhuf kann dabei die Schenkelenden des Hufeisens, Sohlenfläche und Ballen des Hufes, die Fesselbeuge und den Vordermittelfuß berühren und je nach Stärke des Gegenschlages das vordere Hufeisen abtreten oder Haut- und Sehnenverletzungen verursachen. Seltener wird beim Greifen die Zehenwand des Hinterhufes verletzt. Das Greifen kann im Schritt, Trab und Galopp erfolgen. Das Pferd greift sich im Schritt bei traversalen Gängen oder wenn der Hinterfuß zu weit nach vorn schwingt. Trabrennpferde greifen sich im schnellen Trab, wenn die Vordergliedmaße durch eine Verzögerung des Abrollens über den vorderen Tragerand nicht frühzeitig genug nach vorn geführt wird. Turnierpferde greifen sich während des starken Galopps im tiefen Boden. Als Ursachen kommen indirekt fehlerhafter Körperbau, z.B. kurzer, überbauter Rumpf, vorständige und vorbiegige Stellung der Vordergliedmaßen, vorständige und säbelbeinige Stellung der Hintergliedmaßen, müder Gang, Fehler in der Hufzubereitung, zu lange Zehen und zu niedrige Trachten, Mängel im Hufbeschlag, zu lange, schwere, weitgerichtete Hufeisen, fehlende Zehenrichtung und hohe Stollen an den Vorderhufen in Frage.

Das Greifen läßt sich vermeiden, wenn die Ursachen abgestellt oder gemindert werden können. Die entsprechende Hufzubereitung ist vorrangig. Die Zehenwände der Vorder- und Hinterhufe werden gekürzt und der Trachtentragerand geschont. Das Greifhufeisen am Vorderhuf ist glatt und mit kurzen, mit den Trachtenecken abschließenden, bodeneng geschmiedeten Schenkelenden versehen. Um Verletzungen der Zehenwand des Hinterhufes zu vermeiden, werden notwendige Stollen bis 3 cm vor das Schenkelende gesetzt. Das Hufeisen kann eventuell eine Abdachung an der Bodenfläche erhalten (Konkaveisen). Eine lange, starke Zehenrichtung an den Vordergreifeisen ist notwendig. Das Greifeisen für den Hinterhuf besitzt einen geraden Zehenteil und eine starke Zehenrichtung. Die gut berundete Zehenwand steht etwas über das Hufeisen vor. Das Hufeisen ist mit zwei Seitenkappen versehen, die gut an der Hornwand anliegen oder eingelassen sind. Zehengewichtseisen für den Vorderhuf und Seitengewichtseisen am Hinterhuf werden häufig im Sportpferdebeschlag mit Erfolg verwendet. Werden die Pferde im tiefen Sand longiert, setzen wir Gummiboots oder Ledergamaschen über die Zehe. Das tiefe Einsinken bewirkt eine Verzögerung der Abroll- und Schwingphase der Vordergliedmaßen und erhöht die Greifgefahr. Verletzt das Pferd mit seinem Hinterhuf die Sohle des Vorderhufes, ist ein regelmäßiges Hufeisen mit abgedachter Bodenfläche und einer Ledersohle angezeigt.

Ein Pferd *streicht* sich, wenn der Huf der vorwärtsschwingenden Gliedmaße das nebenstehende stützende Bein berührt. Verletzungen entstehen im Schritt an der inneren Seite der Krone und der Hufwand und im Trab und Galopp auf der Innenseite des Fesselkopfes oder Vorderfußwurzelgelenkes (Knieschläger). Die Streichstellen sind gut zu erkennen. Am Huf ist die innere Wand glatt gescheuert oder mit vielen Scheuerrinnen versehen. An der Gliedmaße finden sich frische oder verschorfte Wunden, haarlose Stellen oder dicke Schwielen der Haut und Unterhaut (Streichballen). Reaktionen der Knochenhaut, Bildung von Überbeinen und Schale (chronisch-deformierende Entzündungen der Zehengelenke) folgen. Die Verletzungen der Haut führen zu akuten, die der Knochenhaut zu anhaltenden chronischen Lahmheiten. Die Ursachen des Streichens liegen in der Stellung der Gliedmaßen, verbunden mit unregelmäßigen Gangarten, im fehlerhaften Beschlag, fehlerhaften Reiten und Einspannen (enge Scheren der Trabereinspannung), im Ermüden und in der Mattigkeit der Pferde. Von den Gliedmaßenstellungen sind es die bodenweite, zehenweite und X-beinige Gliedmaßenstellung, bei der die Hufe in der Bewegung einen Bogen gegen den stützenden Fuß beschreiben und das Streichen auslösen. Aber auch bei der boden- und zehenengen Gliedmaßenstellung sowie bei einer Winkelung der Zehenachse wird das Streichen beobachtet. Der Beschlag kann das Streichen verursachen, wenn die Hufeisen zu eng, der innere Schenkel zu eng gerichtet und die Unterstützung des Hufes hier nicht gegeben ist. Zur Stützung des Körpers bei schwerer Zugarbeit des Pferdes werden Hufkrone und Fessel nach innen gestellt und stehen dem schwingenden Bein im Wege. Der abschwingende Huf kann die Ursache darstellen, wenn seine innere Hornwand zu lang und das Hufeisen zu weit oder bodenweit geschmiedet ist. Ein überfälliger Beschlag mit vorstehenden Nieten an der Hornwand und ungleich abgelaufenen Stollen sowie Gliedmaßenerkrankungen, verbunden mit einer unsicheren, unregelmäßigen Gangart können das Streichen verursachen.

Zum Ergründen der Streichursache muß das Pferd im Stand, Schritt und Trab sorgfältig untersucht werden. Die streifende Stelle wird ermittelt. Meist sind es der innere Zehenteil des Hufeisens der Vordergliedmaßen oder die weiteste Stelle der Hufeisen an den Hintergliedmaßen, die an der stützenden Gliedmaße anschlagen. Wird mit einer der Gliedmaßenstellung und Gangart entsprechenden Hufzubereitung und einem passenden und stützenden, regelmäßigen Hufbeschlag das Streichen nicht beseitigt, werden Streicheisen angewendet. Das Streicheisen für den Vorderhuf (Abb. 76) wird am inneren Zehen- und Seitenteil gerade geschmiedet; der Tragerand des Hufes überragt hier das Eisen. Der gesamte innere Schenkel wird bodeneng geändert. Das Hufeisen wird mit einer Zehen- und einer äußeren Seitenkappe versehen. Außerdem kann man ein Breitschenkelhufeisen verwenden, dessen äußerer Schenkel breiter und schwerer und dessen innerer Schenkel an der Bodenfläche ausgehauen und bodeneng geändert ist. Die Hufeisen bekommen eine starke Zehenrichtung. Für die Hinterhufe werden Eisen mit einem geraden Zehenteil und regelmäßigen Schenkelenden, Eisen mit einem schmalen, bodeneng geänderten, inneren Schenkel und Seitengewichtseisen mit einem starken, breiten äußeren Schenkel empfohlen. Der äußere breite Schenkel läßt die Gliedmaße außen an dem stützenden Bein vorbeischwingen. Im Bereich der Streichstelle darf nicht genagelt werden. Beseitigen diese Maßnahmen das Streichen nicht, kann man noch Streichkappen (gefütterte Ledermanschetten) verwenden, die für jedes Pferd individuell hergestellt werden.

Der schleifende Gang ist eine Bewegung der Vorder- und Hintergliedmaßen, bei der in der Schwingphase der Zehenteil des Hufes auf dem Erdboden nachgeschleppt wird. Im tiefen Boden ist dies gut zu beobachten. Das Hufeisen wird dabei an der Zehe sehr stark abgeschliffen. Auch die Zehenwand kann sich so stark verdünnen, daß es zu Entzündungen der darunterliegenden Weichteile kommt. Die Pferde lahmen und sind dienstunfähig. Diese Gangart kommt bei jungen, untrainierten, übermüdeten und bei alten Pferden mit chronischen Sehnen- und Gelenkleiden vor. Besonders die Hintergliedmaßen werden häufig nachgeschleift, wenn die Sprunggelenke nur gering abgebeugt werden (Spat).

Liegen Sehnen- oder Gelenkleiden vor, sind diese tierärztlich zu behandeln. Gegen die Abnutzung selbst kann man den Zehenteil eines glatten Hufeisens mit aufgeschweißten Stahlplatten verstärken, den Zehenteil verbreitern und eine überstarke Zehenrichtung am Huf und am Eisen anbringen.

Der drehende Gang tritt nur an den Hintergliedmaßen, besonders bei der kuhhessigen und faßbeinigen Gliedmaßenstellung auf. Chronische Erkrankung der Gliedmaßen und falscher Beschlag (ungleiche Schenkel) können das Drehen verursachen. Der fixe Punkt liegt bei der Drehung im Bereich der Strahlspitze, die Zehe dreht sich nach innen und die Trachten nach außen. Der äußere Hufeisenschenkel wird dabei stärker abgenutzt.

Dieser verstärkten Eisenabnutzung kann man durch aufgeschweißte Stahlplatten begegnen. Junge Pferde beschlägt man mit einem Hufeisen, das mit einem nach außen gerichteten Schleppstollen versehen ist. Das Drehen der Gliedmaße wird damit erschwert. Bei älteren Pferden (über 5 Jahre) sollte man die drehende Bewegung nicht hemmen. Sie ist eine Reaktion auf eine unregelmäßige Gliedmaßenstellung, und deren Unterbindung würde zu weiteren Gliedmaßenstörungen führen.

Hufkrankheiten

Akute Entzündungen der Huflederhaut

Die Huflederhaut ist von der Hornkapsel eingeschlossen. Die Erscheinungen der Entzündung, wie Rötung, Schwellung, erhöhte Wärme, Schmerz und gestörte Funktion, müssen sich den besonderen Gegebenheiten des Hufes anpassen. Rötung, Schwellung und erhöhte Wärme sind unter der Hornkapsel schwerer festzustellen als an anderen Körperregionen. Die verstärkte Schmerzreaktion und stark gestörte Funktion (Lahmheit) sind dadurch zu erklären, daß sich der entzündliche Prozeß innerhalb der starren Hornkapsel nicht nach außen hin ausdehnen kann.

Wir unterscheiden die nichtbakteriellen von den infizierten, die umschriebenen von den ausgedehnten, die akuten von den chronischen und die oberflächlichen von den tiefen Entzündungen der Huflederhaut.

Umschriebene, nichtbakterielle Entzündungen der Huflederhaut

Die akute, umschriebene, nichtbakterielle Entzündung der Huflederhaut kommt an allen beschlagenen und unbeschlagenen Hufen, vor allem an den Vorderhufen der Pferde mit unregelmäßiger Gliedmaßenstellung vor. Ursachen sind Dehnungen und Quetschungen innerhalb der nicht beschädigten Hornkapsel. Diese treten auf nach fehlerhaftem Beschlag, versäumter Beschlagserneuerung, Druck durch einen Hufnagel, Druck des verknöcherten Hufknorpels, durch Schlagen gegen harte Wände, Stampfen auf Steinfußboden, beim unkorrekten Abnehmen der Hufeisen und durch starkes Ausschneiden der Sohle und des Strahles. Je nach Stärke der einwirkenden Gewalt sind Gewebe zerstört und Blutgefäße verletzt. Blut und Gewebetrümmer treten begrenzt unter der Hornkapsel auf. Die Erscheinungen der Entzündung entfalten sich; besonders die Schmerzhaftigkeit ist erheblich und umschrieben feststellbar. Das entzündete Gebiet wird stärker durchblutet. Erreicht der Prozeß das Kronensegment, wird das Hornwachstum beschleunigt. Dies wird sichtbar durch exzentrische Ringe auf der Hornwand. Auftretende Entzündungsflüssigkeit sammelt sich zwischen der Huflederhaut und der Hornkapsel an. Beim Zurichten des Hufes entleert sie sich nach außen. Angesammelter Blutfarbstoff wächst mit dem Horn nach außen und erscheint als diffuse strich- oder punktförmige Rötung (Steingalle) im Bereich der Sohle. Die Pferde zeigen an der erkrankten Gliedmaße eine Stützbeinlahmheit, die sich auf hartem Boden verstärkt. Die Mittelfußarterie pulsiert stark.

Durch gezieltes Beklopfen wird eine Schmerzreaktion hervorgerufen und der Ort der Entzündung festgestellt. Die Behandlung wird durch die Beseitigung der Ursachen eingeleitet. Lahme Pferde werden in einer Torfmullbox ruhiggestellt. Kalte Angußverbände oder mit kaltem Wasser angegossene Wickel lindern die Schmerzen. Der Anguß kann mit essigsaurer Tonerde angereichert werden. Die Pferde können auch in einen Kühlstand gestellt werden, oder die kranken Hufe werden laufend über eine Ringkühlanlage mit kaltem Wasser berieselt. Die medikamentelle, ggf. auch operative Versorgung übernimmt der Tierarzt. Den Druck innerhalb der Hornkapsel kann man durch Verdünnen der Hornwand oberhalb des Entzündungsprozesses mindern. Außerdem versucht man, den Druck von außen zu beseitigen, indem man dem erkrankten Bezirk die Bodenberührung nimmt. Dies wird bei Prozessen im Wandbereich durch eine in den Tragerand eingeschnittene Kerbe (Schwebe) oder ein Hufeisen mit einer elastischen Eisenzwischenlage und bei Prozessen im Bereich der Sohle durch einen Splintverband oder ein Hufeisen mit einer Ledereinlage und einer Wattepolsterung erreicht.

Steingallen

Als Folge einer nichteitrigen, umschriebenen Huflederhautentzündung können rötliche bis gelb gefärbte Hornflecken in der Sohle der Eckstrebe oder der Hornwand auftreten. Nach der Quetschung der Huflederhaut austretendes Blut gelangt in die benachbarten Hornschichten. Das Blutserum wird aufgesaugt. Der Blutfarbstoff wird von dem Horn aufgenommen und wächst mit an die Oberfläche (trockene Steingalle). Unterbleibt die Resorption des Serums, wird eine Blutblase mit dem Horn erdbodenwärts geschoben und es kann ohne Verletzung der Huflederhaut mit dem Öffnen der Blutblase blutige Flüssigkeit ablaufen (blutende oder nasse Steingalle). Bestehen mehrere blutgefüllte Hohlräume übereinander, spricht man von etagenförmigen Steingallen. Wer-

Abb. 77. Deckelhufeisen mit Griff und Schraubstollen, aus einer Aluminiumlegierung hergestellt.

den die Steingallen ausgeschnitten, das verfärbte und bröckelige Horn entfernt, kommt es häufig zu Verletzungen der Huflederhaut. Diese kann sich infizieren, und es entsteht eine eitrige Steingalle. Anhaltende Ursachen führen zu Ringen, Wülsten und Verdickungen am Wandhorn, zu den chronischen Steingallen. Die Ursachen der Steingallen sind die gleichen wie die der nichtbakteriellen, umschriebenen Entzündung der Huflederhaut. Nach der Beseitigung der Ursachen wird die trockene Steingalle mit einem geschlossenen Hufeisen mit Ledersohle geschützt. Die verfärbten Hornbezirke werden nicht nachgeschnitten. Sind sie sichtbar, ist die Quetschung und Entzündung der Weichteile des Hufes schon abgeheilt und keine Lahmheit mehr vorhanden. Eine eröffnete, blutende Steingalle wird mit einem mit Jodoformäther getränkten Wattebausch austamponiert und durch ein breites Hufeisen oder ein Eisen mit Ledersohle geschützt. Eiternde Steingallen sind vom Tierarzt operativ zu behandeln. Ein Deckeleisen (Abb. 77) oder ein Splintverband unterstützen diese Behandlung.

Hufrehe, Hufverschlag

Diese nichtinfektiöse, ausgedehnte Entzündung beruht auf einer Durchblutungsstörung der Huflederhaut auf allergischer Grundlage im Bereich der Zehenwand, Seitenwand und des Sohlenkörpers. Sie kommt bei allen erwachsenen Pferden unabhängig von der Rasse vor. Es erkranken alle vier Hufe in

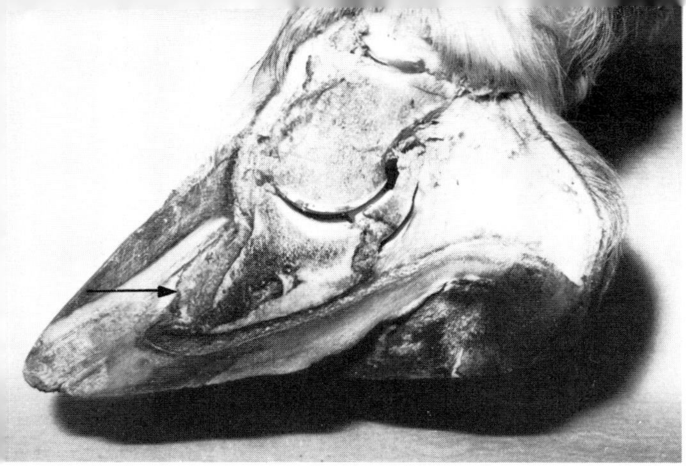

Abb. 78. Hufrehe. Bildung von Entzündungsflüssigkeit über der Blättchenlederhaut.

Abhängigkeit der Verteilung des Körpergewichts, besonders die beiden Vorderhufe. Die aus dem Gewebe austretende Entzündungsflüssigkeit breitet sich zwischen den Lederhautblättchen und Hornblättchen aus (Abb. 78) und führt durch eine enorme Druckerhöhung zu einer hochgradigen Schmerzhaftigkeit im Bereich der Zehenwand und zu der charakteristischen Trachtenfußung. Das erkrankte Gebiet ist vermehrt warm. Die Mittelfußarterie zeigt starke Pulsation. Je nach der Ausdehnung der Erkrankung ist das Allgemeinbefinden des Pferdes gestört; es frißt nicht, zeigt Schweißausbruch und kolikähnliche Unruheerscheinungen. Sind die Vorderhufe erkrankt, werden diese unter deutlicher Trachtenfußung weit nach vorn gestellt und die Hintergliedmaßen zur Übernahme des Körpergewichts unter den Körper geschoben. Das Pferd zeigt einen vorsichtigen, klammen Gang; die erkrankten Hufe werden schwer vom Erdboden abgehoben. Diese vorständige Stellung der Vorderbeine wird in Ruhe und in Bewegung möglichst beibehalten. Die Rehe der Hinterhufe geht mit einer starken Trachtenfußung und einer säbelbeinigen Gliedmaßenstellung der Hinterbeine einher. Die Vordergliedmaßen fangen dabei das Körpergewicht in rückständiger Stellung auf. Sind alle vier Hufe erkrankt, bewegen sich die Pferde kaum von der Stelle und liegen häufig fest.

Die Ursachen der Hufrehe sind mannigfaltig. Sie lassen sich in zwei Gruppen als mechanisch-traumatische und toxisch-chemische Ursachen zusammenfassen. Jedes Trauma, das eine Zerrung der Huflederhaut im Zehenbereich herbeiführt, kann als Ursache einer Hufrehe betrachtet werden. Diese Traumen werden ausgelöst bei der Hufzubereitung durch Schwä-

Abb. 79. Chronische Hufrehe – Drehung und Senkung des Hufbeins, Bildung von Narbenhorn vorn zwischen Hufbein und Hornwand, Durchtreten des Hufbeines durch den Sohlenkörper.

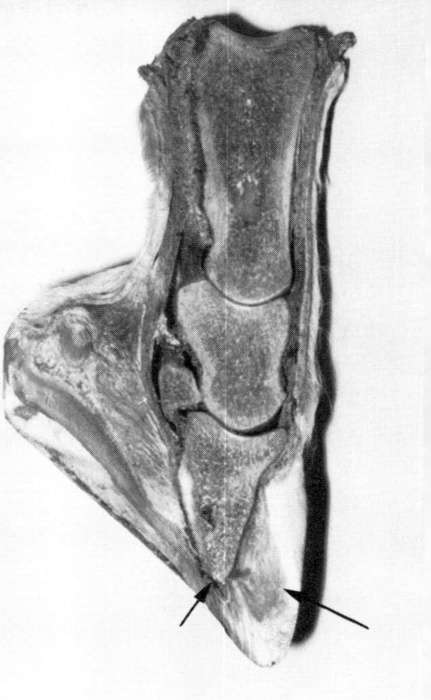

chen der Hornsohle und des Hornstrahles, zu starkes Niederschneiden des Tragerandes, lange, spitze Hufe, durch fehlerhaften Beschlag, langes Stehen auf hartem Boden, z.B. bei Transporten, langes Laufen auf hartem Asphalt oder unebenem, steinigem Boden. Ursachen der toxisch-chemischen Form sind unzweckmäßige Fütterung mit verdorbenem, verschimmeltem Futter, übermäßige Aufnahme von eiweiß- und kohlehydratreichem Futter, wie frischem Gras, Getreide auf dem Halm und Kraftfutter, plötzlicher Futterwechsel, Veränderungen der Darmflora nach Koliken, das Auftreten von Giftstoffen durch Nachgeburtsverhaltung und nach Infektionskrankheiten, wie Brustseuche, Druse und Influenza.

Die folgenden orthopädischen Maßnahmen unterstützen die medikamentelle Behandlung durch den Tierarzt: Das Pferd wird in einen zugfreien Stall, möglichst in eine geräumige Box mit einer dicken Einstreu aus Torfmull und Sägespänen gebracht. Die Ruhe auf weichem Boden beeinflußt den Heilungsprozeß günstig. Die Bewegung der an akuter Hufrehe erkrankten Pferde wird abgelehnt. Sie aktiviert die Entzündung und steigert die Schmerzen des Pferdes in tierschützerisch nicht zu vertretendem Maße. Ist das Pferd beschlagen, werden die Zehennägel entfernt oder das Eisen abgenommen. Dazu müssen die Hufnägel gut aufgenietet werden, denn der Zangendruck kann beim Abnehmen des Eisens am Tragerand sehr schmerzhaft wirken. Die Hufe werden abschließend sorgfältig hergerichtet. Der Tragerand wird plan zugeschnitten, aus der Sohle nur bröckeliges Horn entfernt und die Trachten stark gekürzt. Jedes Schwächen der Hornsohle bewirkt eine Überlastung des Aufhängeapparates der Gliedmaßensäule in der Hornkapsel. Der Hufbeindrehung und Hufbeinsenkung sowie einem Sohlendurchbruch wird dadurch

Vorschub geleistet. Kühlende Verbände oder ein kühlendes Wasserbad beeinflussen den Entzündungsprozeß günstig und lindern die Schmerzen. Zu beachten ist, daß der feuchte Anguß nur so lange fortgeführt werden kann, wie sich die weichen Hornteile des Hufes nicht verändern. Das Einfetten der Weichhornteile kann ein Aufquellen verhindern.

Eine zu frühe Bewegung des an akuter Hufrehe erkrankten Pferdes kann zur Drehung und Senkung des Hufbeines führen. Mit der Drehung und Senkung des Hufbeines geht die Hufrehe in das chronische Stadium über (Abb. 79). Nach der Senkung des Hufbeines flacht der Kronwulst ab und verbreitert sich. Die Produktion von dünnem Wandhorn ist die Folge. Die weiße Linie ist durch die verstärkte Bildung von Narbenhorn verbreitert. Die unteren Wandabschnitte der Zehenwand wölben sich vor und bilden den typischen Knollhuf. Die hinteren Hufabschnitte werden stärker belastet und vermehrt durchblutet. Die Trachten wachsen schneller, Strahl und Strahlpolster nehmen an Umfang zu. Durch das schnellere Wachstum der Trachtenwand im Gegensatz zur Zehenwand bilden sich divergierende Ringe auf der Hornwand. Das sich senkende Hufbein kann die Hornsohle im Bereich des Sohlenkörpers vorwölben. Das Hufbein biegt sich hutkrempenartig auf. Ein fortdauernder Druck auf den Sohlenkörper führt zu einer Einschmelzung des Hufbeines. Das an chronischer Rehe erkrankte Pferd zeigt Trachtenfußung und einen schleudernden Gang. Während des Abschwingens wird der Huf ruckartig nach vorn und oben geschleudert.

Die orthopädische Behandlung des chronischen Rehehufes beginnt mit dem Abraspeln der knollenförmigen, veränderten Zehenwand. Die Zehenwand wird aus der Belastung genommen. Das erreicht man einmal durch eine Schwebe der gesamten Zehenwand oder eine Groß'sche Rinne, eine 4 mm breite Rinne, die 2 cm unter der Krone bis auf die Blättchenschicht in die Hornwand eingeschliffen wird. Die Trachten werden stark gekürzt, um der geneigten Bodenfläche des Hufbeines eine horizontale und damit natürliche

Abb. 80. Stark-Guther-Platte.

Abb. 81. Rehe-Hufeisen nach Bolz.

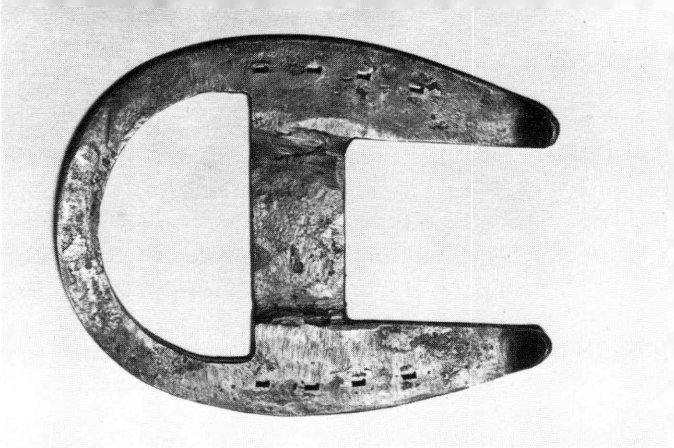

Lage zur Hornsohle und Bodenfläche wiederzugeben. Von den noch verwendeten Hufeisen, dem Hufeisen mit verbreitertem Zehenteil, der Stark-Guther-Platte und den Reheeisen nach Bolz und Pflug sind nur die beiden letzteren zu empfehlen. Das Hufeisen mit dem verbreiterten Zehenteil und die Stark-Guther-Platte (Abb. 80) üben einen starken Druck über den Sohlenkörper auf die Hufbeinspitze aus und werden abgelehnt. Das Reheeisen nach Bolz (Abb. 81) ist ein Hufeisen, dessen Schenkelenden stark verbreitert sind. Die Schenkelenden sind nach oben aufgebogen, um die Ballenfußung zu erleichtern. Das Eisen besitzt einen Mittelsteg, der in Höhe der Strahlspitze liegt. Wir verwenden mit Erfolg ein regelmäßiges Hufeisen (nach Pflug) mit Mittelsteg (Abb. 82). Der Mittelsteg sitzt 1 cm hinter der Strahlspitze. Das Hufeisen besitzt eine kurze und starke Zehenrichtung, zwei Seitenkappen und bei überwiegender Trachtenfußung zwei Endkappen. Die Schenkelenden können als Trachtenlehne leicht zu den Ballen hin aufgebogen sein. Zur breiten Unterstützung der Tragfähigkeit der Sohle werden die Sohlenwölbung über dem Steg, die Eckstrebensohlenschenkel und Strahlfurchen mit Huflederkitt oder elastischen Kunststoffen unterpolstert.

Abb. 82. Hufeisen mit Mittelsteg (nach Pflug) zur Behandlung der chronischen Rehe.

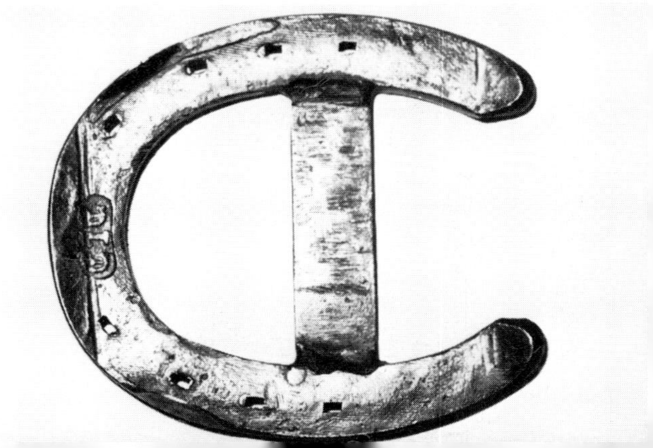

Oberflächliche und tiefe, eitrige Huflederhautentzündung

Sind die oberflächlichen und tiefen Schichten der Huflederhaut entzündet und mit Bakterien infiziert, nennt man die entstehende Entzündungsflüssigkeit Eiter. Liegt eine oberflächliche Entzündung vor, ist der Eiter dünnflüssig und durch zerfallenes Horn grauschwarz verfärbt. Bei einer tiefen Entzündung ist der Eiter dickflüssig bis rahmig, grün bis braungelb und je nach der Einschmelzung von tieferen Gewebeteilen mit Knochen-, Knorpel- oder Sehnenteilen angereichert.

Ursachen sind Verletzungen mit einer Zusammenhangstrennung der Hornkapsel oder der Haut der Zehe, z.B. Kronentritte, Nageltritte, Vernagelungen, Ausschneiden von Steingallen, durchdringende Hornspalten, Durchschneiden der Sohle bei der Hufzubereitung, Forkenstiche und Sohlendurchbrüche im Verlauf der akuten Hufrehe.

Das Pferd zeigt eine hochgradige Stützbeinlahmheit, es hält den Fuß hoch oder setzt ihn je nach dem Sitz der Eiteransammlung nur mit der Zehenspitze auf. Die Mittelfußarterie pulsiert stark. Krone und Ballen sind vermehrt warm. Anschwellungen an den Weichteilen des Hufes können den Sitz oder die Ausbreitung des Eiterherdes anzeigen. Lösungen des Saumbandes deuten auf einen Durchbruch des Eiters hin.

Ist kein Defekt in der Hornkapsel sichtbar, oder kann mit der Hufuntersuchungszange keine umschriebene Schmerzhaftigkeit festgestellt werden, wird ein heißer Angußverband angelegt, da die Wärme die Abszeßbildung intensiviert. Ziel der Behandlung ist es, dem Eiter Abfluß zu schaffen, bevor er sich innerhalb der Hornkapsel ausbreitet. Zu diesem Zweck sollte vom Tierarzt eine trichterförmige Öffnung im Bereich des Prozesses angelegt werden. Ist der Abszeß an der Krone durchgebrochen, wird eine Gegenöffnung zum Ausspülen des Eiters an der Sohle angelegt. Die Wunde wird je nach Tiefe antibiotisch oder antiseptisch versorgt und mit einem Druckverband geschlossen. Der Druckverband verhindert ein Vorquellen der Huflederhaut aus dem Defekt der Hornkapsel. Das Pferd wird in einer Box mit einer Torf- oder Sägespäneeinstreu untergebracht. Diese dicke, weiche Einstreu verhindert eine Belastungsrehe an der gegenüberliegenden Gliedmaße und beschleunigt die Heilung der Wunde. Ist der Defekt leicht überhornt, wird er durch einen Splintverband oder ein Deckeleisen geschützt. Mit einem Beschlag mit Leder-

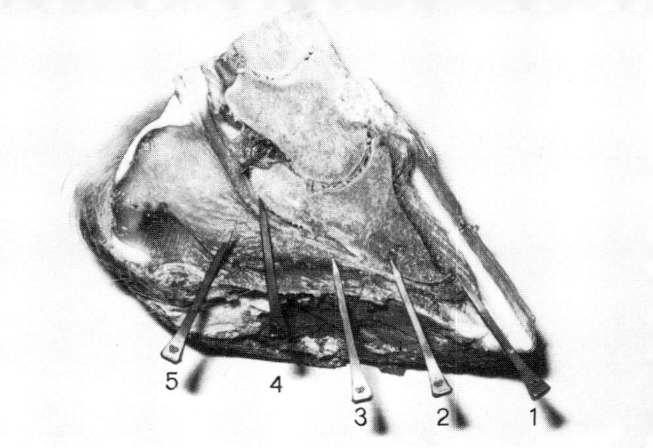

Abb. 83. Nageltritt. Die Nägel verletzen:

1 die Lederhaut der Zehenwand
2 Hornsohle – Hufbein
3 Strahlspitze – tiefe Beugesehne
4 seitliche Strahlfurche – Strahlbein
5 seitliche Strahlfurche – Strahlpolster

sohle kann der Patient bis zur völligen Ausheilung des Defektes leicht gearbeitet werden.

Nageltritt

Jede durchdringende Verletzung der Lauffläche des Hufes (Sohle und Strahl) durch einen Fremdkörper wird als Nageltritt bezeichnet. Besonders betroffen sind die seitlichen Strahlfurchen. Je nach der Lokalisation der Verletzung können tieferliegende Gewebe mitbetroffen sein, so bei Verletzungen des Sohlenkörpers das Hufbein, besonders der dünne Hufbeinrand (Knochensequester, Röntgen!), bei Verletzungen der seitlichen Strahlfurchen die tiefe Beugesehne, das Strahlbein, das Hufbein-Strahlbein-Band und das Hufgelenk und bei Verletzungen der hinteren Abschnitte des Strahles das Strahl- und Ballenpolster (Abb. 83). Die durchdringenden Verletzungen können durch Hufnägel, die auf der Beschlagbrücke herumliegen, durch Kappen der Hufeisen, Glasscherben, Holzsplitter, scharfkantige Steine u.ä. verursacht werden. Die Erscheinungen richten sich nach dem Ausmaß der Verletzung und der Art der eingedrungenen Eitererreger. Nach Sehenverletzungen oder der Verletzung empfindlicher, tiefer Gewebeteile zeigt das Pferd gleich eine hochgradige Lahmheit. Sie kann auch erst nach Tagen auftreten, wenn sich die eitrige Entzündung der Huflederhaut manifestiert hat.

Der Pferdebesitzer oder Schmied hat den eingedrungenen Gegenstand bis zum Eintreffen des Tierarztes im Huf zu belassen. Wird dieser Gegenstand vorsichtig entfernt, ist die Tiefe und Richtung der Verletzung dem Tierarzt genau zu beschreiben. Jeder Nageltritt ist als infiziert zu betrachten und wird wie eine eitrige Entzündung der Huflederhaut behandelt. Der Huf wird zugerichtet, das bröckelige Horn aus der Sohle entfernt und eine trichterförmige Öffnung in der Tiefe des Stichkanales angelegt. Alle veränderten Gewebeteile werden vom Tierarzt entfernt und die Wunde mit einem Druckverband geschlossen. Ist nicht sofort ein Tierarzt zu erreichen, wird der herausgezogene Gegenstand zur Beurteilung der Verletzung aufbewahrt und ein trockener Schutzverband angelegt. Die Verletzung sollte in keinem Fall mit Wasser ausgewaschen werden, um die Keime nicht in verletzte tiefere Gewebeteile (Hufgelenk) zu spülen.

Vernagelung

Die Beschädigung der von der Hornkapsel eingeschlossenen Weichteile durch einen zur Befestigung des Hufeisens eingeschlagenen Hufnagel nennt man Vernagelung. Man unterscheidet die unmittelbare, direkte Vernagelung (Nagelstich und eigentliche Vernagelung) von der mittelbaren, indirekten Vernagelung (Nageldruck) (Abb. 84).

Bei dem Nagelstich zeigt das Pferd eine Schmerzreaktion, wenn der Nagel die nervenreiche Huflederhaut verletzt. Der Nagel wird sofort zurückgezogen. Das elastische Horn der Schutzschicht kann nach dem Entfernen des Nagels den Nagelkanal sofort verlegen. Blut tritt dann nicht aus. Außerdem ist die Infektionsgefahr sehr gering. Bleibt der Stichkanal offen, tritt Blut aus der Wunde. Der Stichkanal wird mit Desinfektionsspray oder Jod behandelt. An dieser Stelle wird kein neuer Nagel eingeschlagen. Der Schmied hat diese Vernagelung dem Besitzer oder Pferdehalter anzuzeigen.

Dringt der Hufnagel bei der eigentlichen Vernagelung in die Huflederhaut ein und wird vernietet, kann Blut aus dem Nagelkanal austreten. Es entwickelt sich eine eitrige Entzündung der Huflederhaut. Das Pferd geht nach dem Vernageln sofort lahm. Diese Stützbeinlahmheit verstärkt sich nach einigen Tagen. Nach zwei bis drei Tagen kann Eiter aus dem Nagelkanal hervortreten. Eine starke Pulsation der Mittelfußarterie tritt auf. Die entzündete Huflederhaut ist auf Zangendruck hochgradig schmerzhaft. Im Beisein des Tierarztes nimmt der Schmied zur Behandlung das Hufeisen ab. Jeder

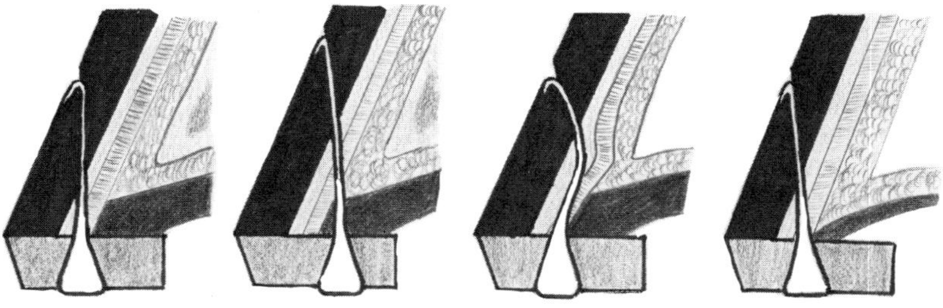

a b c d

Abb. 84.
a) Regelmäßige Nagelung.
b) Direkte Vernagelung: Das Hufeisen ist zu tief gelocht, der zu tief angesetzte Nagel verletzt die Huflederhaut.
c) Indirekte Vernagelung: Der falsch vernietete Nagel hat sich verzogen und drückt auf die Huflederhaut.
d) Indirekte Vernagelung: Durch falsche Hufzubereitung (Sohle und Tragerand sind zu stark gekürzt) kommt der Nagel zu nahe an die Huflederhaut.

Hufnagel wird einzeln herausgezogen und auf anhaftende Gewebeteile oder Flüssigkeit überprüft. Häufig ist schon das Aufnieten des betroffenen Nagels mit Schmerzen verbunden. Sind alle Nägel herausgezogen, überprüft man mit der Hufuntersuchungszange die einzelnen Nagelkanäle. Das Sondieren der Nagelkanäle sowohl mit einem sauberen Hufnagel als auch mit einer sterilen Sonde ist fehlerhaft. Die festgestellte eitrige Entzündung der Huflederhaut wird, wie schon beschrieben, behandelt. In diesem Zusammenhang muß besonders darauf hingewiesen werden, daß jede Verletzung der Huflederhaut mit einer Infektion durch Wundstarrkrampf-Erreger einhergehen kann. Das nicht aktiv gegen Tetanus immunisierte Pferd sollte nach einer Verletzung der Huflederhaut mit Tetanus-Serum versorgt werden.

Bei der mittelbaren, indirekten Vernagelung, dem Nageldruck, verletzt der Hufnagel die Huflederhaut nicht. Er gelangt beim Einschlagen in die Nähe der Huflederhaut und übt einen Druck und dadurch Quetschungen auf sie aus. Eine nichteitrige Entzündung der Huflederhaut entsteht. Eine Lahmheit tritt nicht sofort, sondern erst nach einigen Tagen bis Wochen auf. Liegt der Nagel in der Nähe des saftreichen jungen Hornes der Schutzschicht, reagieren die schwefelhaltigen Hornzellen mit dem Eisen des Nagels und bilden Schwefeleisen und Eisenoxydhydrat. Am Sohlenrand ist das Horn um den Hufnagel schwarz verfärbt, der Nagel »brennt«. Der drückende Nagel wird entfernt und der Huf mit einem kühlenden Angußverband versehen. Während der Behandlung steht das Pferd in einer dick mit Torfmull eingestreuten Box. Acht Tage nach dem Beseitigen der Lahmheit kann das Pferd wieder gearbeitet werden. Bei einem erneuten Beschlag wird an der betroffenen Stelle kein Hufnagel eingeschlagen.

Die Ursachen der Vernagelung bedürfen einer genauen Besprechung, sind sie doch oft Gegenstand langwieriger Gerichtsverhandlungen. Wir unterscheiden zwischen unmittelbaren Ursachen, z.B. zu enge, verlochte Eisen, und mittelbaren Ursachen, z.B. dünne, ausgebrochene, mürbe, bröckelige Hornwände. Teilt man die Ursachen ein in solche, für die der Schmied zur Rechenschaft gezogen werden kann und solche, die außer Haftung liegen, folgen:

Haftpflichtige Ursachen

- Falsches Abnehmen der Hufeisen, wobei die Hornwand zerstört wird und Nagelteile in der Hornwand zurückbleiben,
- fehlerhafte Hufzubereitung, zu starkes Kürzen des Tragerandes, zu starkes Berunden des Tragerandes und Schwächen der Hornsohle,
- fehlerhafter Beschlag, falsch gelochte und schief zugerichtete Hufeisen, zu enge Hufeisen, zu stark eingelassene Kappen, falsch angesetzte Hufnägel, zu hohes Einschlagen der Nägel,
- fehlerhafte, verrostete, zu dicke, falsch gezwickte Hufnägel,
- ungenügende Beleuchtung auf der Beschlagbrücke.

Ursachen ohne Haftung

Schlechte Beschaffenheit des Hornes, dünne, steile, ausgebrochene, getrennte, verbogene, hohle Hornwände, krankhaft veränderte Hornkapseln, z.B. der Vollhuf und Knollhuf, starke Hornabnutzung barfußgehender Pferde, unsichtbare Fehler des Hufnagels, unsichtbare Nagelstümpfe und unruhige, widersetzliche Pferde.

Wichtig ist das Erkennen und die Beurteilung einer Vernagelung durch den Schmied, die Benachrichtigung des Besitzers und die rechtzeitige fachkundige Behandlung durch den Tierarzt. Besonders bei dieser Erkrankung ist eine ehrliche Zusammenarbeit zwischen Schmied und Tierarzt angezeigt.

Chronische Entzündungen der Hufleder-haut

Die nichteitrigen und infektiösen Entzündungen, die über eine längere Zeit hin andauern, nennt man chronisch. Ursachen dafür sind ständig vorhandene oder unterbrochene und sich wiederholende Einwirkungen auf die Huflederhaut.

Chronische Saumlederhautentzündung

Die Saumlederhautentzündung kommt durch vernachlässigte Hufpflege häufig an allen vier Hufen des Pferdes vor. Sie äußert sich in vermehrter Wärme und deutlicher Schwellung der Saumlederhaut. Das Saumband ist auf Fingerdruck stark schmerzhaft. Die chronische Entzündung der Saumlederhaut tritt

Abb. 85 (links). Chronische Entzündung der Saumlederhaut.

Abb. 86 (rechts). Chronische Saumlederhautentzündung, besonders im Trachtenwandbereich.

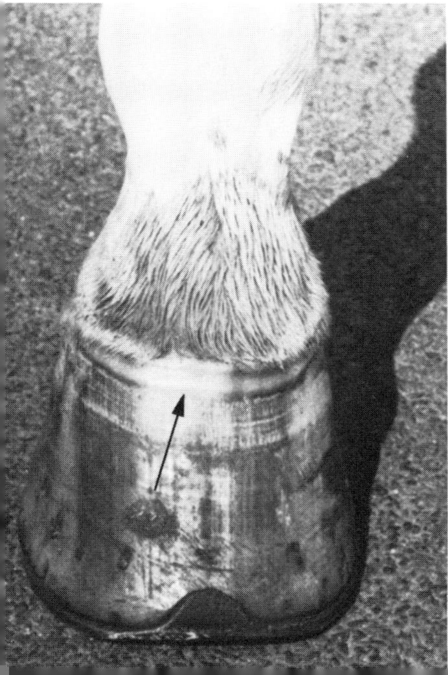

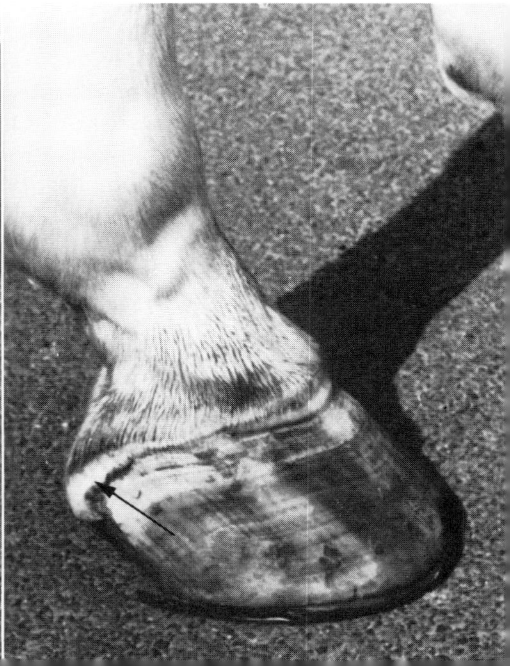

zunächst als wulstartige Verdickung von weißgrauer Farbe ringförmig auf die ganze Hufkrone ausgebreitet auf (Abb. 85). Zu den Ballen hin verbreitert sich die entzündliche Anschwellung (Abb. 86). Die Haare über der Krone sind gesträubt; das Saumband ist schuppig und borkig verändert. Infolge der chronischen Saumlederhautentzündung kommt es zu einer gestörten Hornbildung der Glasurschicht. Die Glasurschicht erhält ein rissiges, baumrindenartiges Aussehen und überzieht die ganze Hornwand. Teile des veränderten Hornes lassen sich wie Schuppen eines Tannenzapfens entfernen. Die Pferde werden empfindlich, widersetzlich und bösartig und lassen sich die Hufe nicht mehr anheben. Im Bereich des Strahles kann die chronische Saumlederhautentzündung hufkrebsartigen Charakter annehmen. Unter dem borkigen Horn fault das weiche Strahlhorn, wird rissig und schmierig, und der sonst gut entwickelte Hornstrahl zerfällt.

Ursachen dieser Erkrankung sind dauernde, reizende Einwirkungen schädlicher Huffette, wie Mineralöle und Petroleum, sowie Fette, die auf mangelhaft gepflegte Hufe aufgetragen und ranzig werden. Auch eine übertriebene Hufpflege, wie häufiges Bürsten und Waschen des Saumbandes, kann eine Saumlederhautentzündung provozieren.

Nach Beseitigung der Ursachen werden sämtliche Borken und Schuppen über dem Saumband entfernt, faulige Strahlteile ausgeschnitten und schuppige Teile der Hornwand abgeraspelt. Die blutenden Abschnitte der Saumlederhaut werden antibiotisch versorgt und mit einem trockenen Verband abgedeckt. Nach vier bis sechs Verbandswechseln im Abstand von jeweils 5 Tagen ist die chronische Saumlederhautentzündung abgeheilt. Als Hufbeschlag wird ein glattes, regelmäßiges Hufeisen empfohlen. Nach längerer Erkrankungsdauer verändern sich die Zotten der Kronlederhaut; das Horn der Schutzschicht ändert seine Wachstumsrichtung und glatte Beschaffenheit. Lahmheiten werden gelegentlich beobachtet.

Kronentritt

Eine Verletzung oder Quetschung der Krone eines Hufes durch Einwirkung des gegenüberliegenden Hufes nennt man Kronentritt. Er entsteht beim Ausgleiten der Pferde, nach kurzen, schnellen Wendungen, scharfen Paraden, Greifen, Schildern und nach dem Wechseln der Beschlagsart (Übergang

Abb. 87. Kronentritt. Borkige Beschaffenheit der Röhrchenschicht nach Verletzung des hornbildenden Kronsegments (Präparat).

vom regelmäßigen zum Stollenbeschlag). Die krankhaften Veränderungen reichen je nach Intensität der Gewalteinwirkung von einer oberflächlichen Abschürfung der Haut über der Krone und des Saumbandes bis zur eitrigen Entzündung der Huflederhaut, Nekrose der Strecksehne, des Hufknorpels und des Hufgelenkes. Folge des Kronentritts sind häufig Hornnarben, Hornspalten, Hornklüfte, Hornsäulen und Hornwucherungen (Abb. 87).

Die Behandlung richtet sich nach der Art der Entzündungsvorgänge und den Veränderungen der Hornkapsel. Ist ein bestimmter Kronenbereich entzündet und angeschwollen, wird das angrenzende Horn verdünnt, so daß es auf Druck nachgibt. Die entsprechende Hornwand kann durch eine Rinne unterhalb der Krone oder eine Schwebe am Tragerand aus der Belastung genommen werden. Besondere Beachtung verdient das Wachstum des neuen Hornes. Eine fehlerhafte Hornbildung wird sofort beseitigt und die Krone durch einen regelmäßigen Hufbeschlag, bei dem der Strahl in die Belastung miteinbezogen ist, und intensive Kronenpflege zu einem regelmäßigen Hornwachstum angeregt.

Hornsäule (Hornschwiele)

Die Hornsäule ist eine umschriebene, leisten-, kegel-, säulenförmige, zylindrische oder trichterförmige Hornwucherung an der Innenfläche der Hornwand und der Sohle. Je nach der Beteiligung des Hornes unterscheidet man

Abb. 88. Kronhornsäule an der Zehenwand innen (Präparat).

Kronhornsäulen (Röhrchenhorn) und Wandhornsäulen (Blättchenhorn). Die Kronhornsäulen wachsen von der Krone herunter und nehmen zum Tragerand hin durch die Beteiligung von verstümmeltem Blättchenhorn eine kegelförmige Gestalt an (Abb. 88). Die Wandhornsäulen, die nach Reizung der Wandblättchen an einem beliebigen Punkt der Hornwand entstehen, dehnen sich sowohl zum Kronrand als auch zum Tragerand hin aus. Sie bestehen aus wellig veränderten Hornblättchen, die oft baumartig verästelt sind und sich zu dicken Platten vereinigen können. Die Hornsäule erkennt man an einer runden oder halbmondförmigen Ausbuchtung der weißen Linie nach innen (Abb. 89). Die am Tragerand sichtbare Hornschwiele kann zerklüftet und hohl sein. Auf Zangendruck ist die Hornwand über der Hornsäule druckempfindlich. Eine Lahmheit kann vorhanden sein. Gehen die Pferde lahm, ist auch die Pulsation der Mittelfußarterie fühlbar. Häufig findet man eine Hornsäule zufällig bei der Hufzubereitung.

Ursachen der Hornsäule sind Reizungen der Kronen- oder Wandlederhaut,

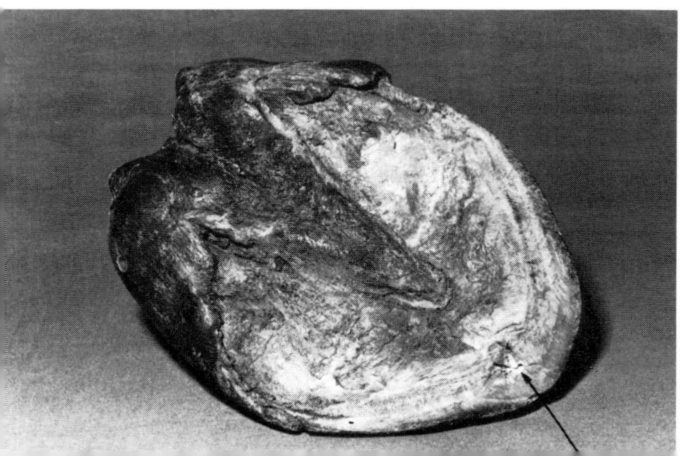

Abb. 89. Kronhornsäule am Zehentragerand (Präparat).

wie Kronentritte, Vernagelungen, durchdringende Hornspalten, hohle Wände, Zerrungen der Kron- oder Wandlederhaut durch falsche Hufzubereitung (spitze Hufe) und unregelmäßigen Beschlag. Hornsäulen ohne Lahmheit des Pferdes bedürfen keiner Behandlung. Diese Pferde müssen regelmäßig beschlagen werden, um das wuchernde Hornwachstum nicht zu aktivieren. Hornsäulen, verbunden mit einer Lahmheit, werden operativ beseitigt. Die mit der Hornsäule behaftete Hornwand wird vom Tragerand bis zum Kronrand entfernt. Vor der Operation wird der Huf mit einem glatten Hufeisen mit zwei Seitenkappen beschlagen. Der Defekt wird mit einem Druckverband abgedeckt. Lahmt das Pferd nicht mehr, kann es wieder zur Arbeit verwendet werden.

Hufkrebs

Als Hufkrebs angesehen wird eine Störung der Verhornung, verbunden mit einer chronischen Entzündung der Huflederhaut. Die ersten Erscheinungen zeigen sich im Bereich des Strahles, seltener an der Eckstreben-, Sohlen- und Wandlederhaut, und breiten sich dann auf benachbarte Lederhautabschnitte aus. Über den verdickten, vergrößerten, blumenkohlartig veränderten Lederhautzotten werden statt Horn übelriechende, schmierige, käsige Beläge gebildet. Vorzugsweise erkranken die Hinterhufe schwerer Rassen und Schläge. Vereinzelt tritt die Krankheit auch an den Vorder- und Hinterhufen der Warmblutpferde auf.

Die eigentlichen Ursachen sind nicht bekannt. Für die Entstehung dürften mangelhafte Hufpflege, Strahlfäule, dauernde Reizungen der weichen Hornteile des Strahles durch unhygienische Stallverhältnisse (nasse Streu mit ammoniakalischer Gärung) und zu starkes Ausschneiden des Strahles verantwortlich sein. Eine Lahmheit wird nur im fortgeschrittenen Krankheitszustand beobachtet. Auch die Pulsation der Mittelfußarterie fehlt. Die Erkrankung wird daher bei vernachlässigter Hufpflege erst vom Schmied bei der Hufzubereitung entdeckt. Der Prozeß ist dann meist fortgeschritten. Er breitet sich unter dem gesunden Horn der Umgebung aus und kann die ganze Unterfläche des Hufes einnehmen. Wird der übelriechende, unverhornte Epithelbrei entfernt, bleiben strohhalm- bis fingerdick gewucherte Lederhautzotten zurück. Die Zotten können kolbenförmig verdickt sein. Am

Austritt von käsigem Material aus der weißen Linie erkennt man die Erkrankung der Wandabschnitte.

Die Aussichten für die Heilung des Hufkrebses sind zweifelhaft, besonders dann, wenn mehrere Hufe erkrankt sind. Erfolgversprechend wurde die Behandlung mit dem gemischten Verfahren, der Radikaloperation und einer örtlichen medikamentellen Applikation, durchgeführt. Nachdem sämtliche veränderten Gewebeteile bis in das gesunde Gewebe hinein entfernt wurden, wird das Operationsgebiet mit dem antibakteriell und austrocknend wirkenden Antibiotikum Chloromycetin® (Aerosol-Tinktur mit Gentianaviolett der Firma Parke-Davis) abgedeckt und mit einem starken Druckverband abgeschlossen. Diese Verbände werden zu Beginn der Behandlung alle zwei Tage gewechselt. Nach ungefähr vier Wochen ist der Prozeß so weit abgeheilt, daß die Behandlung unter einem Deckeleisen weitergeführt werden kann. Als austrocknendes, heilungsförderndes Medikament kann auch das von Müller (1948) empfohlene Hufkrebspulver verwendet werden. Das Pferd steht während der Behandlung in einer Lohe- oder Torfmullbox. Neuerdings wird die leichte Bewegung der an Hufkrebs erkrankten Pferde angeraten. Dadurch wird das erkrankte Gebiet stärker durchblutet und die Heilung beschleunigt.

Erkrankungen der Hufknorpel

Hufknorpelfistel

Befindet sich der Hufknorpel durch Störungen seines Stoffwechsels in Auflösung, sucht sich das zersetzte Gewebe einen Weg nach außen in der Fistel (Fistel = röhrenförmiger Gang). Dieser Ausgang liegt meist an der Hufkrone, selten im Sohlenschenkel oder an der Hornwand.

Ursachen für das Absterben und die Auflösung des Hufknorpels sind Kronentritte, Streich- und Greifverletzungen, Nageltritte, Vernagelungen, eiternde Prozesse im Bereich der Eckstreben- und Trachtenwände, z.B.

ausgeschnittene Steingallen, eiternde Hornspalten und nicht zuletzt schnürende Verbände, die die Blutzufuhr zu den Hufknorpeln unterbrechen. Durch eine Eiterung rund um den Hufknorpel wird die Blutzufuhr und die Ernährung des Hufknorpels gestört, er stirbt ab und löst sich mehr oder weniger auf. Diese aufgelösten Teile unterhalten einen oder mehrere Fistelgänge. Das gereizte Trachten- und Seitenwandhorn kann schneller wachsen. Es entsteht eine steilere Hufform. Unter der Krone entstehen hier eine Hornplatte oder Ringe, an denen die Dauer der Erkrankung abzulesen ist. Die Glasurschicht ist rauh und baumrindenartig verändert. Krone und Ballen über dem Hufknorpel sind zu Beginn der Erkrankung hochgradig angeschwollen. Es zeigen sich alle lokalen Erscheinungen einer eitrigen Entzündung. Auch das Allgemeinbefinden des Pferdes ist gestört. Das Pferd geht lahm, und die Mittelfußarterie pulsiert stark. Mit dem Auftreten der Eiterfistel lassen diese Erscheinungen nach.

Die Hornwand wird im Bereich des Hufknorpels verdünnt. Der Huf wird mit einem glatten Eisen mit elastischer Kunststoffeinlage versorgt. Die beteiligte Trachtenwand schwebt. Die Behandlung der Wahl ist die totale Entfernung des abgestorbenen Hufknorpels und der veränderten Gewebeteile möglichst ohne Beschädigung der Hornwand.

Hufknorpelverknöcherung

Das Knorpelgewebe des Hufknorpels wird durch Knochengewebe ersetzt. Wir finden diese Erkrankung häufig bei Pferden mit großen, weiten Hufen und solchen, die ihren Dienst vorwiegend auf harten Straßen verrichten (Dienstpferde der Polizei).

Die Ursachen der Verknöcherung sind andauernde Erschütterung und Zerrung des Hufknorpels. Boden- und zehenweite Gliedmaßenstellungen führen zu einer Verknöcherung des inneren, boden- und zehenenge Gliedmaßenstellungen zu einer Verknöcherung des äußeren Hufknorpels. Weitere Ursachen sind in einer fehlerhaften Hufzurichtung und einem falschen Beschlag zu suchen. Ungenügende Stützung des Beschlages veranlassen das Pferd zum Stolpern und Umkippen während der Bewegung. Dabei werden die Hufknorpel und ihre Bänder (Hufknorpel-Hufbein-Fesselbein-Strahlbeinbänder) fortgesetzt gedehnt. Der Verknöcherungsprozeß kann von einem

Hufbeinast und auch von einem Verknöcherungskern innerhalb des Hufknorpels ausgehen. Ist die Verknöcherung des Hufknorpels weit fortgeschritten, kann man sie an der Krone fühlen. Über dem Hufknorpel ist die Krone mehr oder weniger verdickt und ausgebuchtet. Der Huf zeigt einen Trachtenzwang und Steingallen im Bereich der Eckstrebenwinkel und Sohlenschenkel. Die benachbarte Trachtenwand wird nicht bewegt und abgerieben. Sie wird höher. Das Hufeisen wird an der erkrankten Hufseite stark abgenutzt. Scheuerrinnen auf der Tragefläche des Hufeisens fehlen oder sind undeutlich. Eine Lahmheit fehlt in den meisten Fällen der Erkrankung. Erst wenn die Huflederhaut stark zwischen dem verknöcherten Hufknorpel und dem Wandhorn eingeklemmt wird, tritt Lahmheit auf. Die Pferde gehen stockerig, klamm und struppiert. Eine auftretende Lahmheit auf hartem Boden kann sich mit längerer Bewegung verringern. Mit der Lahmheit tritt eine deutliche Pulsation der Mittelfußarterie auf.

Die Untersuchung mit der Hufzange ist im Bereich der Trachtenwände schmerzhaft. Die Beugeprobe der Zehe ist nach vorn und hinten mit schmerzhafter Reaktion verbunden. Ein Röntgenbild bestätigt die Diagnose (Abb. 90). Die Behandlung zielt nicht darauf ab, die Verknöcherung zu beseitigen, sondern die Quetschung der Huflederhaut und die damit verbundene Lahmheit. Der Huf wird regelmäßig zubereitet, auf ein gleichmäßiges Fußen wird besonders Wert gelegt. Der zweckmäßige Beschlag besteht in einem weiten, stollenlosen Hufeisen mit breiter, waagerechter Tragefläche und einer Einlage aus elastischem Kunststoff oder einer Ledersohle.

Pferde mit unregelmäßiger Gliedmaßenstellung bekommen ein entsprechendes Breitschenkelhufeisen. Auf der Seite des verknöcherten Hufknorpels läßt man die Trachtenwand schweben. Der Druck des verknöcherten Hufknorpels auf die Huflederhaut wird vermindert durch eine Erweiterung der Hornkapsel im Bereich der Trachtenwand. Die Hornwand wird hier mit der Raspel verdünnt, oder es werden Rinnen nach Lungwitz oder Messler angelegt. Die Rinnen durchdringen die harte Schutzschicht. Es ist darauf zu achten, daß die Huflederhaut nicht verletzt wird, besonders dann, wenn die Rinnen mit einer elektrischen Schleifmaschine angelegt werden. Bei starker Lahmheit kann der Nervenschnitt erwogen werden.

Abb. 90 (oben). Hufknorpelverknöcherung (Röntgenaufnahme).

Abb. 91 (unten). Chronische Hufrollenentzündung (Röntgenbild): Veränderungen in der Mitte und am unteren Rand des Strahlbeines.

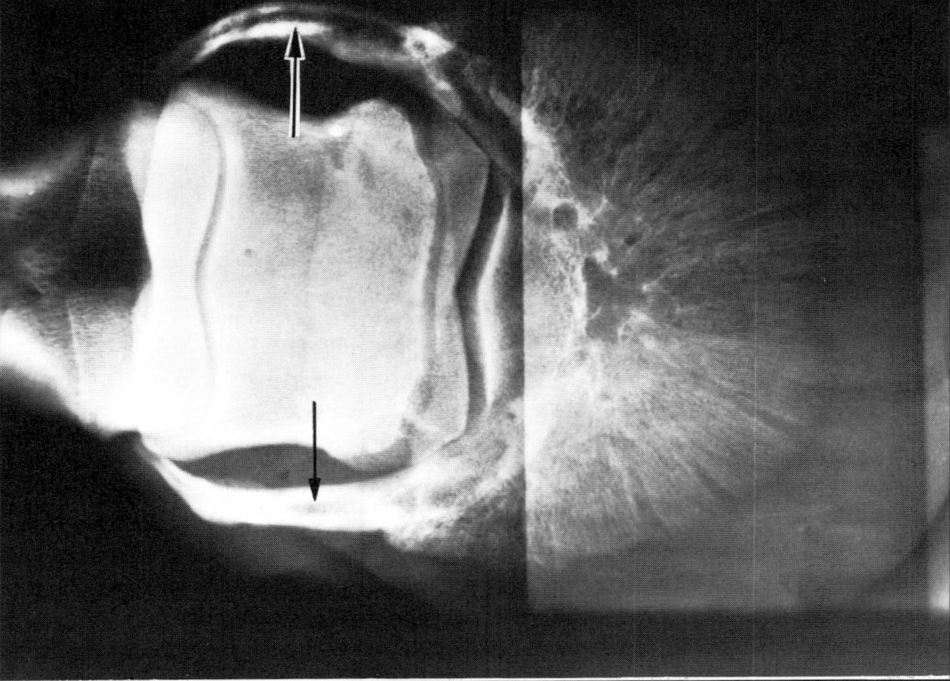

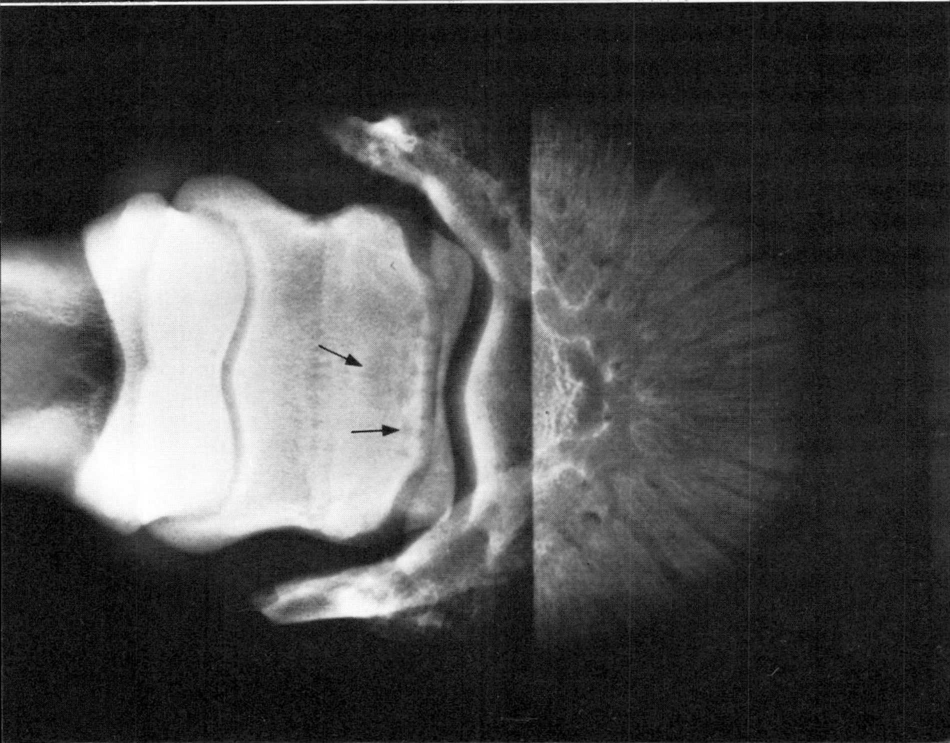

Erkrankungen der Knochen des Hufes

Chronische Hufrollenentzündung

Die chronische, nichteitrige Hufrollenentzündung ist eine langsam fortschreitende, deformierende Entzündung der Hufrolle. Dazu gehören das Strahlbein, der Hufrollenschleimbeutel und die hier einbezogenen Teile der tiefen Beugesehne. Es erkranken vorwiegend die Vorderbeine. Spring- und Reitpferde sind anfällig für die Krankheit, während Galopper und Traber selten erkranken. Wiederholt einwirkende Überbelastungen des Strahlbeines führen zu Umbauvorgängen im Strahlbein (Abb. 91). Veränderungen am Strahlbein-Hufbeinband, an Teilen der hinteren Hufgelenkskapsel, den Gelenkflächen des Strahl- und Hufbeines, der Berührungsfläche des Strahlbeines mit der tiefen Beugesehne einschließlich des Hufrollenschleimbeutels und Veränderungen der tiefen Beugesehne selbst kennzeichnen das Bild der chronischen Hufrollenentzündung. Knochenneubildungen an den Anheftungsstellen der Bänder (Hufbein-Strahlbein-Fesselbein-Band), die durch Zerrungen hervorgerufen werden, vervollkommnen das Krankheitsgeschehen.

Ursachen sind unregelmäßige Gliedmaßen- und Zehenstellungen (z.B. vorständige, vorbiegige, Brechung der Zehenachse), falsche Hufzubereitung (zu starkes Kürzen der Trachten und des Strahles), fehlerhafter Hufbeschlag, insbesondere zu kurze Eisen, die die hinteren Teile des Hufes vermehrt belasten, und durch unphysiologische Dauerbelastung des Pferdes (Reiten auf der Vorhand, Springen, Landen des Pferdes mit stumpfem Zehenwinkel). Im Stall wird der schmerzhafte Fuß nach vorn und etwas vom Pferdekörper weggestellt und so entlastet. Wird das Pferd aus dem Stall genommen und vorgeführt, zeigt sich besonders auf hartem Boden eine starke Lahmheit. Mit fortdauernder Bewegung wird die Lahmheit geringer, das Pferd läuft sich ein. Es bleibt ein kurzer, stockeriger, unsicherer Gang mit kurzen, schwunglosen Schritten und häufigem Stolpern. Die Pferde belasten die hinteren Teile des Hufes nicht vollkommen; sie treten nicht durch. Es bildet sich ein Trachtenzwanghuf aus. Das Pferd ist meist auf dem weiteren der beiden erkrankten Vorderhufe lahm, denn der Prozeß befindet sich im akuten Stadium. Eine Pulsation der Mittelfußarterie kann vorhanden sein. Eine Schmerzhaftigkeit

Abb. 92. Hufeisen für den Hinterhuf mit Seitenkappen, einer starken Zehenrichtung und a) einem verdickten Schenkelende, b) einem angeschmiedeten Stollen.

kann mit dem Hammer bei Beklopfen des Strahles und mit der Zange beim Zusammendrücken der Trachtenwände ausgelöst werden. Die Zehenbeugeprobe und die Keilprobe zeigen eine deutliche Schmerzreaktion. Die Diagnose wird vom Tierarzt durch Anästhesieren und die Röntgenuntersuchung bestätigt.

Die Behandlung hat zunächst die Aufgabe, die überbelastete Hufrolle zu entlasten. Das wird erreicht durch ein Hufeisen mit starker Zehenrichtung und verdickten Schenkelenden (Abb. 92) und einer elastischen Kunststoffeinlage oder Ledersohle. Ein Stollenbeschlag entlastet die Hufrolle nur auf hartem Boden. In der Stallstreu und auf weichem Boden dringen die Stollen in die Unterlage ein und der Stollenbeschlag ist wirkungslos. Der Beschlag und schmerzlindernde Injektionen können das Pferd lange arbeitsfähig erhalten. Nach dem Ausschöpfen aller Möglichkeiten, die Lahmheit zu beseitigen, sollte zuletzt der Nervenschnitt, die dauernde Unterbrechung der sensiblen Nerven, die das Gebiet der Hufrolle versorgen, in Erwägung gezogen werden. Die operierten Pferde können anschließend noch einige Jahre als Reitpferde ihren Dienst tun, ohne schmerzhafte Lahmheit zu zeigen. Diese Pferde bedürfen aber einer täglichen intensiven Hufpflege. Nach der Arbeit müssen die Strahlfurchen besonders gründlich nachgesehen und gereinigt werden. Die chronische Hufrollenentzündung heilt nicht ab. Die Lahmheit wird durch den Nervenschnitt beseitigt. Deshalb ist auch der Beschlag in einem Abstand von 6 Wochen regelmäßig zu erneuern und in der gleichen beschriebenen Art durchzuführen.

Bruch des Strahlbeines

Durch plötzliche übermäßige Traumen auf das Strahlbein bei Reit- und Springpferden, Trabern und Galoppern kann das intakte Strahlbein brechen (Abb. 93). Traumen entstehen durch Fehltritte und Unfälle, nach Nageltritten oder im Anschluß an eitrige Knochenentzündungen. Ist das Strahlbein durch einen Mangel an Knochengewebe aufgrund des Abbaues von Knochensubstanz geschwächt (Hufrollenentzündung), kommt es häufig zu Strahlbeinbrüchen. Die Pferde zeigen eine hochgradige Stützbeinlahmheit, Verdickung und Druckschmerz in der Ballengrube. Sind am Bruch des Strahlbeines eitrige oder nichteitrige Entzündungen (chronische Hufrollenentzündung) beteiligt oder haben diesen vorbereitet, ist die Prognose »ungünstig« zu stellen. Die beiden Bruchstücke des Strahlbeines heilen nicht knöchern zusammen, sondern verwachsen bindegewebig. Dies wird unterstützt durch den Beschlag mit einem Hufeisen mit starker Zehenrichtung und erhöhten Schenkelenden und einer Einlage mit einem elastischen, sich den Konturen des Strahles und der Sohle anpassenden Kunststoff. Die Pferde bewegen sich innerhalb der ersten sechs Monate nur in einer Torfmullbox. Unter Beibehaltung des orthopädischen Beschlages können die Pferde wieder voll arbeitsfähig werden.

Abb. 93. Strahlbeinbruch (Röntgenaufnahme).

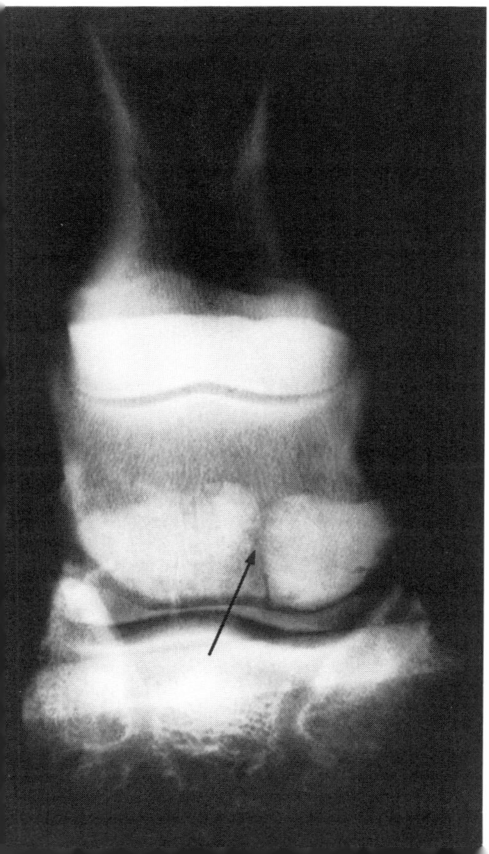

Bruch des Hufbeines

Brüche des Hufbeines treten fast immer als gedeckte und sehr selten als offene Brüche mit Defekt der Hornkapsel auf. Das Hufbein kann am Hufbeinkörper in der Längsrichtung mit Beteiligung der Hufgelenkfläche, am Ansatz der Strecksehne, an den Hufbeinästen und am Sohlenrand brechen.

Ursachen sind Stürze, Schlagen gegen harte Wände, plötzliches Parieren, Hängenbleiben in der Anbindekette, Nageltritte, Vernagelungen, plötzliches Loslassen des Hufes während des Beschlages und Aufschlagen des Zehentragerandes auf der harten Beschlagbrücke. Die Pferde zeigen zunächst eine hochgradige Stützbeinlahmheit, eine Pulsation der Mittelfußarterie und in den ersten 4 bis 6 Tagen eine Störung des Allgemeinbefindens (Fieber, mangelnde Freßlust). Der Kronenrand ist je nach Beteiligung des Hufgelenkes angeschwollen und auf Fingerdruck schmerzhaft. Vorsichtiger Hammer- und Zangendruck lösen eine örtliche Schmerzreaktion im Bereich der Bruchstelle aus. Besonders das Zusammendrücken der Trachten ist schmerzhaft. Die Lahmheit wird nach 14 Tagen geringer.

In den ersten zehn Tagen wird ein feuchter Hufangußverband angelegt und das Pferd in eine Torfmull- oder Lohebox gebracht. Danach wird der Huf mit einem geschlossenen Hufeisen mit Huflederkitteinlage versorgt. Genagelt wird dabei bis über die weiteste Stelle des Hufes, um den Hufmechanismus zu unterdrücken. Unter der Krone kann ein Verband mit Isolier- oder Tesaband angelegt werden. Gute Erfolge in der Behandlung erzielen wir mit einer Kapsel aus dem selbsthärtenden Kunststoff Technovit®. Der Huf wird gut hergerichtet, Strahl und Sohle müssen trocken sein. Der weich zu modellierende Kunststoff wird wie ein Schuh bis zur Hälfte der Hornwand über den Huf gezogen. Die Krone darf nicht eingeengt werden, da sonst das Wachstum des Hornes negativ beeinflußt wird. Nach 6 Wochen wird die Technovit-Kapsel gewechselt und nach weiteren 3 Monaten entfernt. Das Pferd kann dann beschlagen und angearbeitet werden.

Trennungen im Bereich der Hornkapsel

Hornspalten

Zusammenhangstrennungen der Hornwand und Eckstrebenwand in Richtung der Hornröhrchen bezeichnet man als Hornspalten. Wir unterscheiden:

Abb. 94. Durchgehender und durchdringender Hornspalt der äußeren Trachtenwand (Präparat). Die äußere Trachtenwand ist zum Hornspalt hin eingerollt.

- nach der Lage: Zehen-, Seiten-, Trachten- und Eckstrebenspalten (Eckstrebenbrüche),
- nach der Ausdehnung: Kronrand-, Tragerand- und durchgehende Hornspalten,
- nach der Tiefe: Windrisse, tiefe und durchdringende Hornspalten (Abb. 94 und 95).

Die Windrisse durchdringen die Glasurschicht, die tiefen Hornspalten die Schutzschicht und die durchdringenden Hornspalten reichen bis zur Huflederhaut.

Ursachen sind in schlechter Hufpflege, fehlerhafter Hufzubereitung und fehlerhaftem Beschlag zu suchen. Im einzelnen sind es zu hartes oder zu weiches Horn durch mangelhafte Hufpflege, Hufkrankheiten, wie Zwanghufe und chronische Saumbandentzündung, unregelmäßige Gliedmaßenstellung, wie boden- und zehenenge, boden- und zehenweite Stellungen, diagonale Drehungen der Gliedmaßen, fehlerhafter Beschlag mit zu kurzen, zu

Abb. 95. Durchgehender und durchdringender Hornspalt (Präparat). Im Bereich des Hornspaltes haben sich die getrennten Teile der Trachtenwand übereinandergeschoben. Solche Hornspalten sind nur mit einer Operation (teilweises Entfernen der Hornwand) zu heilen.

engen, zu weiten, verbogenen oder wellig geschmiedeten Hufeisen, der Gebrauch der Pferde in hoher Gangart auf hartem Boden, Ausbrechen des Tragerandes barfußgehender Pferde. Besonders erwähnt werden sollte das zu hohe Nageln und das Überziehen der Beschlagsperiode als Ursache der Hornspalten. Durch das zu hohe Nageln können die alten Nagellöcher nach einer Beschlagsperiode nicht entfernt werden und schwächen die Hornwand. Mit dem Überziehen der Beschlagsperiode wachsen die Hornwände häufig über das Hufeisen hinweg und reißen ein. Was man durch das Verlängern der Beschlagsperiode einsparen wollte, muß man nun an Behandlungskosten bezahlen. Lahmheit und Pulsation der Mittelfußarterie, verbunden mit einer flächenhaften Entzündung der Huflederhaut, treten bei durchdringenden Hornspalten auf. Pferde mit Eckstrebenbrüchen zeigen besonders beim Wenden Schmerzen und verstärkte Lahmheit, denn dann wird der Hornspalt gedehnt, auseinandergezogen und die Huflederhaut in Mitleidenschaft gezogen.

Die Heilung des Hornspaltes erfolgt durch das Nachwachsen ungetrennten Hornes. Deshalb sind die Ursachen des Hornspaltes zu beseitigen. Sämtliche Hornspalten werden zunächst durch das Anbringen einer Schwebe am Tragerand aus der Belastung genommen. Die Schwebe schließt das Ende des Hornspaltes und eine Senkrechte vom Beginn des Hornspaltes mit ein (Abb. 96). Anschließend wird der Huf mit einem geschlossenen Hufeisen (Abb. 97) beschlagen. Bei diesem Hufeisen sind die Eisenschenkel durch einen Steg verbunden, der mit der Huffläche des Eisens abschließen kann oder je nach Entwicklung des Strahles zum Erdboden oder zum Huf hin durchgekröpft ist. Bei unregelmäßiger Gliedmaßenstellung wird ein geschlossenes Breitschenkeleisen verwendet. Treten die Hornspalten im Bereich der Zehenwand auf, besitzen die Hufeisen zwei Seitenaufzüge. Zur Entlastung der Tragerand-

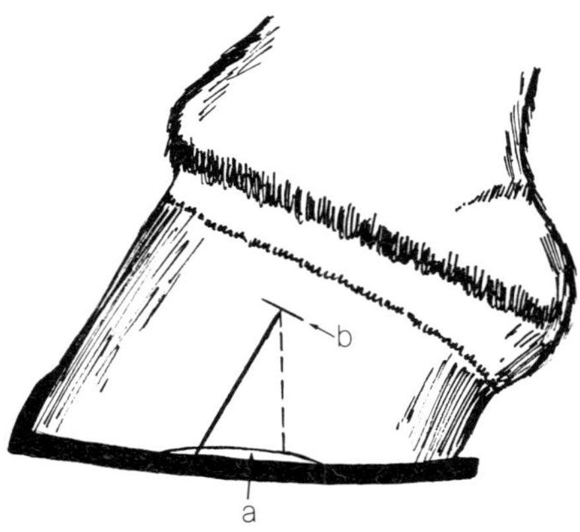

Abb. 96. Behandlung des Tragerandhornspaltes

a) Schwebe
b) Querrinne

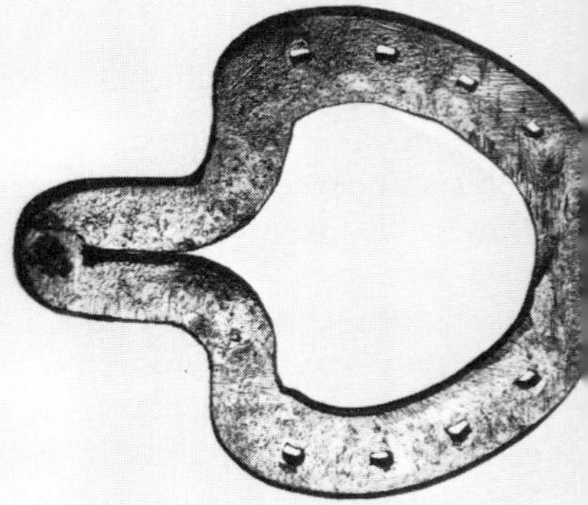

Abb. 97 (links). Geschlossenes Hufeisen. Der Steg verbindet die Schenkelenden.

Abb. 98 (rechts). Pilzförmiges Hufeisen zur Behandlung von Hornspalten an der Eckstreben- und Trachtenwand.

hornspalten an den Eckstreben (Eckstrebenbrüche) können Pilzeisen verwendet werden (Abb. 98). Diese Pilzeisen üben einen sehr starken Druck auf den Strahl aus. Kronen- und vor allem Tragerandhornspalten versucht man durch eine Querrinne bis zur Blättchenschicht am Weiterreißen zu hindern. Das Horn wächst von der Krone abwärts. Deshalb versucht man, bei durchgehenden Kronrandhornspalten den Kronenbereich in der Umgebung des Hornspaltes dünnzuraspeln, die scharfen Ränder des Hornspaltes der Hornwand anzugleichen und einen allmählichen Übergang zum zusammenhängenden Horn zu schaffen. Das Vernieten der Hornspalten wird abgelehnt. Durchgehende und gleichzeitig durchdringende Hornspalten sind nur durch eine Radikaloperation mit Entfernen eines Streifens Wandhorn ähnlich der Hornsäulenoperation zu heilen.

Hornkluft

Die Trennung der Hornwand quer zur Richtung der Hornröhrchen wird als Hornkluft bezeichnet. Die Hornkluft kann nach Kronentritten oder eitrigen Lederhautentzündungen im Wandbereich und scharfen Verletzungen der Hornwand selbst auftreten. Ist die Huflederhaut entzündet, geht das Pferd lahm und zeigt eine Pulsation der Mittelfußarterie. Je nach der Art der

Entzündung der Huflederhaut wird die Behandlung durchgeführt. Ist nur die Hornwand verletzt, wird der Defekt mit Hufléderkitt aufgefüllt, und man läßt ihn herunterwachsen.

Lose Wand

Unter loser Wand versteht man eine Trennung der Hornwand von der Hornsohle durch einen Verlust des Hornes in der weißen Linie. Sie kommt vor bei unregelmäßigen Hufformen, z.B. bei weiten Hufen, halbeng-halbweiten Hufen an der weiten Hälfte, Sohlenzwanghufen an der weitesten Stelle, bei Flachhufen und Vollhufen, deren Hufbein durch ständige Überdehnungen der Blättchenschicht im Senken begriffen ist, chronischen Entzündungen der Blättchenschicht (chronische Hufrehe), bei fehlerhaftem Beschlag, wenn die Hufe uneben und ungleich hoch zubereitet, die Eisen uneben und falsch gelocht sind und zu schmal aufliegen. Werden die Hufeisen häufig zu warm aufprobiert, wird das Horn der weißen Linie bröckelig und fällt aus. Zuviele und zu dicke Hufnägel zerstören beim Befestigen der Hufeisen die weiße Linie. Sehr häufiges Waschen der Hufe oder Stehen in nasser Streu können das Weichhorn der weißen Linie aufquellen lassen oder zerstören. Nach dem Entfernen der Hufeisen kann man eine lose Wand leicht feststellen. Die Pferde zeigen nur dann Lahmheit, wenn die Wandlederhaut entzündet ist. Das bröckelige Horn wird entfernt und der Defekt mit jodoformäthergetränkter Watte aufgefüllt. Ein ebenes, geschlossenes, breites Hufeisen mit Seitenaufzügen schließt den Defekt ab. Selbstverständlich sind die Ursachen abzustellen und unregelmäßige Hufformen mit geeigneten Beschlägen zu versorgen.

Hohle Wand

Eine hohle Wand liegt vor, wenn innerhalb der Hornwand die Schutz- oder Röhrchenschicht in sich getrennt ist oder eine Trennung zwischen dem Röhrchen- und dem Blättchenhorn vorhanden ist (Abb. 99 und 100). Die hohle Wand kann an der Hornwand etwas vorgewölbt sichtbar sein. Ihre

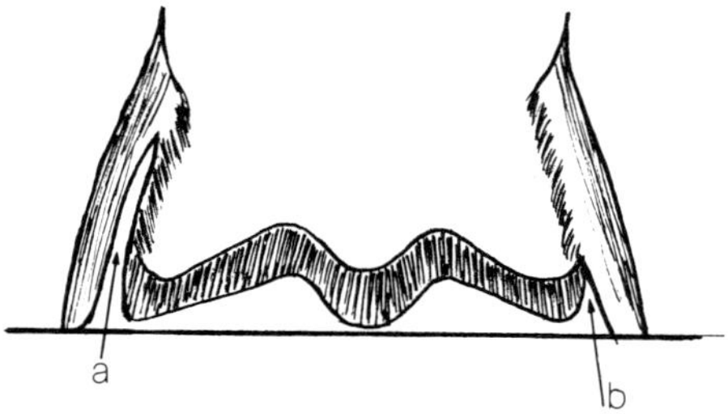

Abb. 99. Trennungen der Hornkapsel.

a) hohle Wand
b) lose Wand

Ausdehnung kann bei Beklopfen durch einen hohlen Ton oder durch eine schmerzhafte Reaktion beim Abdrücken mit der Hufuntersuchungszange festgestellt werden.

Die hohle Wand kann nach Entzündungen der Huflederhaut, z.B. Vernagelung und Rehe, und nach starken Erschütterungen der Hornkapsel auf hartem Boden, besonders an Hufen mit schrägen Hornwänden, auftreten. Die Behandlung hat das Ziel, mit dem Nachwachsen von geschlossenem, neuem Horn die getrennten Hornteile auswachsen zu lassen. Ein weiteres Einreißen der Hornwand muß vermieden werden. Aus diesem Grunde wird durch eine tiefe Querrinne das getrennte Horn der hohlen Wand von dem zusammenhängenden Horn geschieden. Die darüberliegenden, zusammenhängenden Bezirke der Hornwand werden damit gleichzeitig aus der Belastung genommen. Der Defekt wird mit jodoformäthergetränkter Watte aufgefüllt. Wenn möglich, sollte man das Horn über der hohlen Wand erhalten, es gibt der Hufkapsel Unterstützung bei Belastung und schützt die tiefer liegenden Hornteile. Bleibt diese Behandlung ohne Erfolg, werden alle getrennten Hornteile abgetragen. Der Horndefekt wird mit Hufléderkitt oder selbsthärtenden Kunststoffen (Technovit) aufgefüllt und der Huf durch einen Huf-

Abb. 100. Hochgradige hohle Wand (Präparat).

schuh geschützt. Füllt sich der Defekt allmählich mit zusammenhängendem Horn auf, kann man ein geschlossenes Hufeisen mit einer Kunststoff-Einlage verwenden und das Pferd langsam bewegen. Die Öffnung in der Hornwand kann auch durch einen Klebeverband abgeschlossen werden.

Chronische Veränderungen der Hornkapsel

Flach- oder Platthuf

Dieser Huf zeichnet sich dadurch aus, daß seine hornarme Sohle nicht gewölbt ist, sondern flach mit dem Tragerand in einer Ebene liegt (Abb. 101). Er besitzt die Kennzeichen eines weiten Hufes, sehr schräge Wände, lange Zehe und kurze Trachten. Die Eckstreben sind nach außen geneigt, Strahl und Ballen gut entwickelt. Die Hornkapsel besteht aus weichem, mürbem Horn. Das gewölbte Hufbein gleicht sich der Sohlenfläche an.

Ursachen des Platthufes sind alle auf die Hornsohle schwächend wirkenden Faktoren, z.B. übermäßiges Erweichen der Hufe auf der Weide oder in feuchter Einstreu, starkes Ausschneiden der Hornsohle, fehlerhafter Hufbeschlag, wie muldig gerichtete Eisen mit nach innen abgedachter Tragefläche, Stollenbeschlag, Huflederhautentzündungen mit Senken der Sohle, Ausschneiden der Eckstreben und der weißen Linie. Mit der Entstehung eines Flachhufes kann es zu Quetschungen und Entzündungen der Huflederhaut kommen, so daß die Pferde lahm gehen. Zur Behandlung des Flach- oder Platthufes empfiehlt sich ein breites, glattes, evtl. geschlossenes Hufeisen mit einer

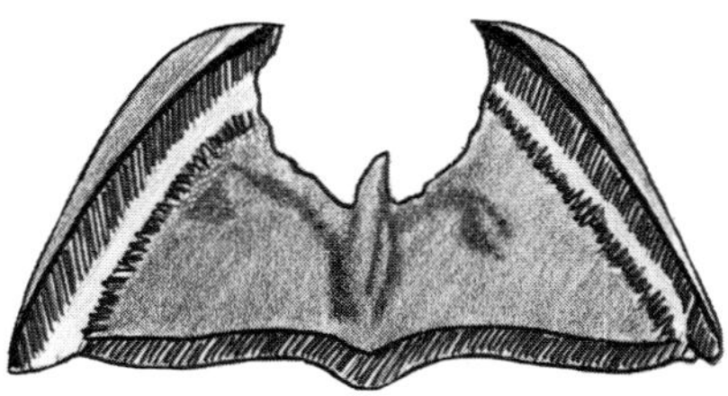

Abb. 101. Querschnitt durch einen Flachhuf.

Einlage aus elastischem Kunststoff. Platteneisen mit einem starken Gegendruck auf das Hufbein über die dünne Hornsohle werden abgelehnt.

Vollhuf

Der Vollhuf ist ein Flachhuf im fortgeschrittenen Stadium der Erkrankung. Die dünne Sohle dieses hornarmen Hufes ist nach unten gewölbt und steht über den Tragerand vor (Abb. 102). Die Hornwand ist mit parallel verlaufenden Ringen versehen. Sie verläuft sehr schräg und besteht aus weichen, bröckeligen Hornschichten. Der Form der Sohle entsprechend ist auch das Hufbein vorgewölbt. Die Hufbeinäste senken sich und üben einen Druck auf die Sohlenlederhaut aus. Besonders im Bereich der Sohlenäste wirkt sich dieser Druck, verbunden mit einer Durchblutungsstörung, auf das Hornwachstum aus. Die Sohlenschenkel wölben sich im Gegensatz zum Rehehuf zuerst vor.

Ursachen des Vollhufes sind die gleichen wie die des Platthufes. Eine Heilung im Sinne einer völligen Wiederherstellung einer regelmäßigen Hufform ist nicht möglich. Ohne Beschlag oder Hufschutz sind die Pferde nicht dienstfähig. Die spitze Zehe wird gekürzt. Der Tragerand kann durch Huflederkitt und eine Ledereinlage stützfähig werden. Als Hufeinlage bieten sich weiche, elastische Kunststoffeinlagen an. Der Hufbeschlag besteht aus einem breiten, geschlossenen Hufeisen mit waagerechter Tragefläche, die der Sohlenwölbung entsprechend nach innen geneigt ist. Der feste Sitz des Eisens wird durch eine Kappe an der äußeren Seitenwand gesichert. Das Hufeisen wird mit möglichst dünnen Nägeln befestigt. Beim Beschlagen dürfen nicht beide Vordereisen gleichzeitig abgenommen werden. Das Stehen auf hartem Boden führt zu Quetschungen der Sohlenlederhaut, besonders dann, wenn das gegenüberliegende Bein aufgehoben wird.

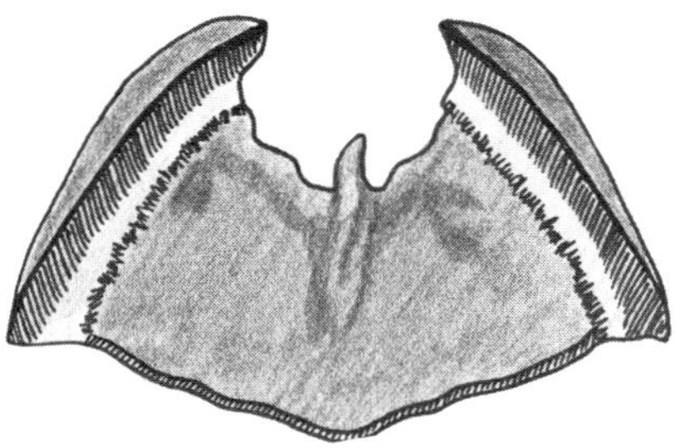

Abb. 102. Querschnitt durch einen Vollhuf.

Trachtenzwanghuf

Zwang nennt man eine Verengung der Hornkapsel. Der Trachtenzwanghuf ist ein Huf, dessen Strahl verkümmert und dessen Trachtenwände sich einander nähern (Abb. 103). Die hintere Hufhälfte ist verengt. Beschränkt sich der Vorgang auf eine Trachtenwand, sprechen wir von einem halben Zwanghuf. Der Tragerand des geringgradigen Zwanghufes ist noch annähernd rund. Die Eckstrebenwinkel sind verlängert und spitz und stehen näher zusammen. Der Strahl wird dadurch eingeschnürt. Die Eckstreben beschreiben einen Bogen von innen nach außen und verkleinern den Raum zwischen Trachten- und Eckstrebenwand. Der Tragerand der Trachtenwände verläuft beim mittelgradigen Zwanghuf in annähernd gerader Richtung. Ballen und Strahl sind verkümmert und die Strahlschenkel einander genähert. Die Eckstreben sind stärker verbogen. Die Trachtenwände stehen senkrecht oder nach innen. Der Strahl des hochgradigen Trachtenzwanghufes ist zusammengeschrumpft, die kleinen Ballen können übereinander liegen. Die Trachtenwände stehen am Tragerand so stark nach innen, daß der Huf an der Krone weiter als am Tragerand ist. Bei der Bewegung werden die Trachtenwände an der Krone nach außen und am Tragerand nach innen gepreßt. Die Folge ist eine Quetschung der Wandlederhaut, der Lederhaut der Ballen und des Strahles.

Faktoren, die die Hufelastizität der Trachten- und Eckstrebenwände beeinträchtigen und stören, sind als Ursachen des Trachtenzwanghufes anzusehen. Dazu gehören:

- Ungenügende Bewegung des Pferdes.
- Schlechte Hufpflege, Strahlfäule, Verhärten durch Eintrocknen des Strahles.
- Fehlerhafte Hufzubereitung, vor allem das starke Ausschneiden der Eckstreben. Die Eckstreben verhindern ein starkes Einwärtsbewegen der

Abb. 103. Trachtenzwanghuf (Präparat). Starkes Einrollen der Trachtenwände und Verkümmern des Strahls.

Trachtenwände und müssen deshalb geschont werden. Außerdem verursachen das Schwächen der Hornsohle, besonders der Sohlenschenkel, und des Strahles sowie zu lange Zehenwände und zu niedrige Trachtenwände den Trachtenzwang.

- Fehlerhafter Beschlag, zu frühzeitiges Beschlagen, zu enge Hufeisen, zu weit nach hinten gelochte Hufeisen, Hufeisen mit zu wenig Strahlfreiheit, zu weit, hohl und muldig gerichtete Hufeisen und Hufeisen mit zu hohen Stollen.
- Krankheiten, bei denen das Durchtreten Schmerzen bereitet und somit die hinteren Teile des Hufes nicht belastet werden.

Pferde mit Zwanghufen im fortgeschrittenen Stadium gehen kurz und stockerig. Ist die Huflederhaut entzündet, tritt Lahmheit und Pulsation der Mittelfußarterie auf. Der Zangendruck im Trachtenbereich ist schmerzhaft. Die Behandlung besteht zunächst darin, die Hornwand durch feuchte Verbände zu erweichen. Die Zehe wird gekürzt und die verlängerten, umgebogenen Eckstrebenwinkel entfernt. Anschließend versucht man, die engen Trachten-

Abb. 104. Rinnenformen zur Behandlung des Trachtenzwanghufes

a) Lungwitz
b) Smith
c) Collin
d) Habacher
e) Bauer
f) Messler

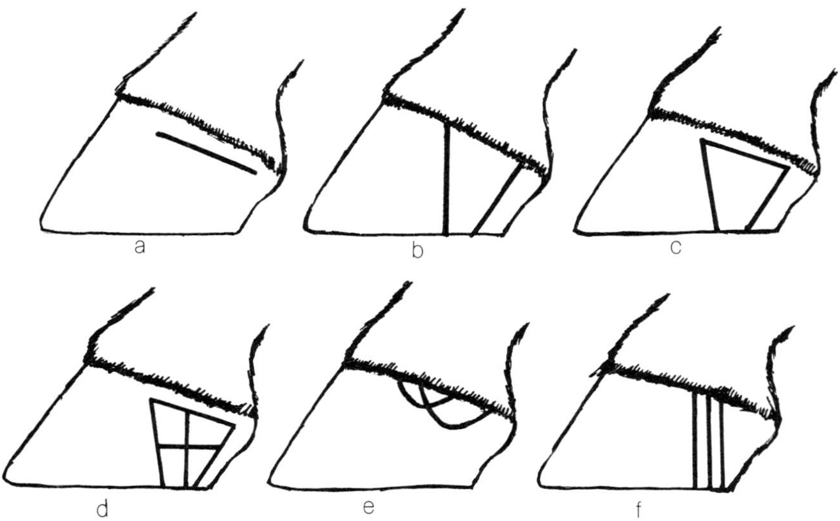

wände durch Dünnraspeln oder das Anbringen von Rinnen in die Hornwand zu weiten (Abb. 104). Das wird durch Rinnen nach Messler, drei an der Trachtenwand parallel zueinander und senkrecht zum Tragerand verlaufende, bis auf das Blättchenhorn reichende Rinnen, erzielt. Der Huf wird außerdem durch die volle Belastung der hinteren Hufteile erweitert. Das erreicht man außer durch einen ausgiebigen Weidegang ohne Hufbeschlag auch durch Halbmondeisen, Hufeisen mit sich verjüngenden Schenkelenden, Hufeisen mit nach außen geneigter Tragefläche an den Schenkelenden (Erweiterungseisen), geschlossenen Hufeisen und Hufeisen mit einer elastischen Kunststoffeinlage.

Kronenzwanghuf

Die Hornwand ist besonders im Bereich der Trachten unter der Krone eingeschnürt. Der Kronenzwang kommt bei Pferden mit weiten Hufen vor, die erstmals beschlagen oder von der Weide kommend erneut beschlagen werden. Der Beschlag hemmt die Ausdehnung des Tragerandes, während sich der Kronrand weiterentwickelt. Am Übergang des oberen zum mittleren Drittel der Hornwand, speziell der Trachtenwand, entsteht eine Einschnürung, der Kronenzwang.

Ursachen sind schwere, glatte Hufeisen, Stolleneisen ohne Strahlunterstützung, zu enge Hufeisen, falsches Zurichten des Hufes, wie starkes Ausschneiden der Sohlenschenkel, der Eckstreben und des Strahles und der Dienst auf harten, gepflasterten oder asphaltierten Straßen. Die Pferde zeigen einen klammen Gang oder gehen bei Quetschungen der Huflederhaut lahm. Krone und Ballen können vermehrt warm und geschwollen sein. Der Hammerdruck auf die eingeschnürte Hornwand ist schmerzhaft. Pulsation der Mittelfußarterie kann vorhanden sein. Deutliche Schnürfurchen weisen auf den Kronenzwang hin. Er kann sich innerhalb von 14 Tagen ausbilden. Die Behandlung besteht in einem geeigneten Hufbeschlag mit einer vollen Strahlunterstützung. Durch ein breites, glattes Hufeisen mit einer elastischen Kunststoffeinlage, einem Hufeisen mit Ledersohle oder einem geschlossenen Hufeisen wird diese Wirkung erzielt. Die schmerzhaften Trachtenwände schweben; sie werden so gekürzt, daß sie bei Belastung nicht den Tragerand des Eisens berühren.

Sohlenzwanghuf

Beim Sohlenzwanghuf ist der Umfang des Tragerandes kleiner als der des Kronenrandes. Der Sohlenkörper ist stark nach oben gewölbt und der Tragerand der Zehenwand krallenförmig eingebogen.

Ursachen sind ein Mißverhältnis der Hornwandstärke zu sehr dünnen Sohlen bei spitzen Hufen, versäumte Hufzubereitung spitzer Hufe und Hufeisen mit einwärts gerichteter Tragefläche. Die Behandlung besteht in der Erweichung der harten Sohle durch feuchte Verbände und in der Verwendung von Halbmondeisen, evtl. glatter Hufeisen mit elastischen Einlagen. Empfohlen wird das H-förmige Hufeisen nach Bauer. Es besitzt einen geraden, offenen Zehenteil, so daß die Zehe und die Trachten abgelaufen werden können. Häufig ist mit einem mehrwöchigen Weidegang ohne Beschlag die Regulierung des Sohlenzwanges zu erreichen.

Sachregister